# 基于技术哲学的
# 职业教育识读与重构

代晓容 著

北京时代华文书局

**图书在版编目（CIP）数据**

基于技术哲学的职业教育识读与重构 / 代晓容著 .-- 北京：北京时代华文书局，

2024. 12. -- ISBN 978-7-5699-5857-7

Ⅰ . G719.2

中国国家版本馆 CIP 数据核字第 2024XP4472 号

JIYU JISHU ZHEXUE DE ZHIYE JIAOYU SHIDU YU CHONGGOU

出　版　人：陈　涛
策划编辑：周　磊
责任编辑：张正萌
装帧设计：孙丽莉
责任印制：刘　银

出版发行：北京时代华文书局 http://www.bjsdsj.com.cn
　　　　　北京市东城区安定门外大街 138 号皇城国际大厦 A 座 8 层
　　　　　邮编：100011　电话：010-64263661　64261528

印　　刷：廊坊市印艺阁数字科技有限公司

开　　本：710 mm×1000 mm　1/16　　　　成品尺寸：170 mm×240 mm

印　　张：17　　　　　　　　　　　　　　字　　数：239 千字

版　　次：2024 年 12 月第 1 版　　　　　　印　　次：2024 年 12 月第 1 次印刷

定　　价：79.00 元

# 前　言

　　"我们要实实在在地把职业教育搞好，要树立工匠精神，把第一线的大国工匠一批一批培养出来。"习近平总书记在十四届全国人大二次会议江苏代表团审议时的讲话，如春风化雨般昭示着职业教育的使命与方向。作为工匠精神的摇篮，职业教育在推动高质量发展、培育新质生产力的进程中，焕发出时代的光彩。

　　职业教育是技术的实践场，是培养创新能力与实践智慧的沃土。它的意义，不只在于技术能力的传承，更在于将技术与人性、与社会紧密相连。技术，作为人类创造的延续与升华，从来不是冰冷的工具，它有着思想的温度、伦理的深度与文化的厚度。职业教育则是将这份温度与厚度传递给每一个学习者的桥梁。

　　近年来，职业教育积极适应经济社会发展，推动产教融合、校企合作，探索教育链、产业链、创新链深度衔接。教师走入企业实践，掌握行业前沿技术；学生不仅学习技能，更锤炼职业操守；课程内容与产业需求同步，教学方法在创新中不断演进。这些实践努力让职业教育焕发勃勃生机，也为未来的改革发展奠定了坚实基础。

　　本书不仅关注职业教育的现状、理念与实践，也试图从技术哲学的角度，探讨其面临的挑战与未来方向。从规模与结构、政策与法规、教学质量、师资队伍和社会认可度五个方面，分析我国职业教育的现实状况；从人的全面发展、终身教育、产教融合等核心理念出发，挖掘职业教育的内在逻辑与社会价值；从课程体系、教学方法和评价机制三个维度，厘清职业教育实践的关键要素与核心要点。

  笔者毕业于职业技术教育学专业，扎根高职院校教学教改一线工作十年，对职业教育有切身的体会与认知。本书是基于这些经历的个人浅见。由于本人资历尚浅，书中难免有不足之处，诚挚期盼批评指正，以助笔者不断提升教育理论与实践水平。

  职业教育的路是脚踏实地的路，更是通向未来的路；是技术进步的路径，也是人性升华的路径。愿本书能为这条路上的探索者们，提供些许参考与启发。

代晓容

广东机电职业技术学院

2024 年春

# 目　录

# 第三章　职业教育的核心理念

# 第四章 职业教育的课程与教学

# 第五章 职业教育的发展趋势与挑战

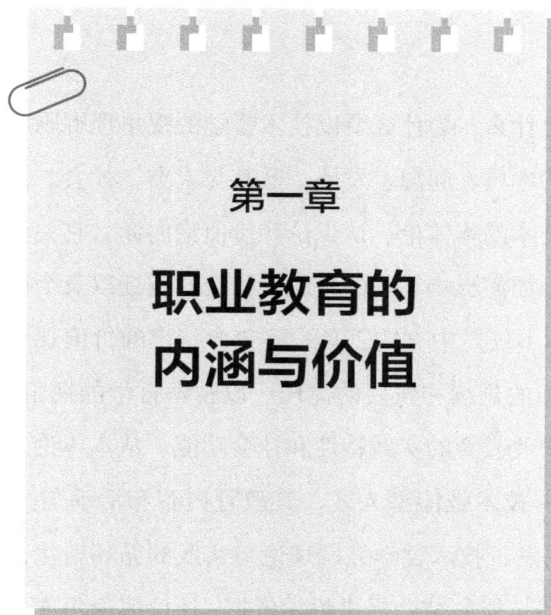

第一章

# 职业教育的
# 内涵与价值

# 第一节 职业教育与技术哲学的内在联系

技术哲学是什么？为什么要以技术哲学的视角理解职业教育？技术哲学是研究技术的本质、起源、发展，及其与人类、社会、自然的关系的学科，旨在揭示技术的本体论、认识论和价值论内涵。它关注技术作为人类实践活动的核心如何影响知识的生成、社会的变迁以及个体的发展。技术哲学认为：技术不仅是中立的工具，还包含特定的价值观和伦理取向，同时是人类创造力的延续和发展的体现。以技术哲学的视角理解职业教育，可以深入剖析职业教育的实践特性和社会功能。从本体论来看，职业教育的核心在于培养技术技能型人才，其教育内容和活动与技术实践密切相关；从认识论出发，技术哲学强调理论与实践的循环转化，为职业教育中理论知识与实践技能的结合提供哲学依据；从价值论角度，职业教育不仅塑造技术能力，还承载着传递职业伦理和社会责任的使命。这种视角有助于全面把握职业教育的内在逻辑，并指导其在服务技术进步和社会经济发展中的定位与改革方向。

## 一、职业教育的技术属性

### （一）以技术为核心内容

职业教育的技术导向性体现在其教学内容与社会技术需求的深度融合，这一特质决定了职业教育与普通教育的显著区别。首先，职业教育紧密围绕行业发展的技术需求展开，通过专业调研与行业参与制定专业设置和课程体系。例如，随着智能制造、人工智能、区块链等新兴技术的快速发展，职业教育迅速调整专业方向，增设技术含量高、应用性强的新专业，使学习者能够紧跟技术变革的步伐。其次，职业教育在课程设计上更关注技术的操作性和应用性，课程内容直接对应行业技术需求，将知识传授与技术技能培养结合起来。学习者通过学习机械操作、软件开发等课程内容，能够在学习阶段掌握直接适用于工作岗位的技能。此外，职业教育还特别注重教学设备与教学内容的同步更新。例如，采用工业 4.0 标准的智能化设备，建立与企业技术流程一致的实训基地，确保学习者学习的内容与技术发展保持一致。这种技术导向性使职业教育的毕业生能够无缝对接企业岗位需求，从而直接服务于社会经济的发展。由此可见，职业教育的技术导向性不仅是其教学内容的核心特质，也是其服务社会技术需求、促进产业升级的重要保障。

### （二）技术实践的核心地位

实践性是职业教育不可或缺的核心特质，这一特质决定了职业教育对学习者的培养方式以及其最终职业能力的形成方式。不同于以理论学习为主的普通教育，职业教育在培养技术技能型人才的过程中，将技术实践视为教学的核心环节。首先，职业教育通过情境教学和实训课程还原真实工作场景，如模拟工厂、校企合作实训基地，让学习者在真实或仿真的职业环境中进行技术操作。这种教学模式不仅能够让学习者掌握技术技能，还能帮助其适应企业的技术要求和工作流程。其次，职业教育强调理论与实践的结合。课堂上的理论学习通过实践活动得以验证，而实践操作中遇到的问题也能够促使学习者反思理论知识的应用性。比如，在机械制造专业中，学习者可以通过实训实际体验不同零部件的组装过程，在操作中深化对机械原理的理解。再次，职业教育还通过阶段性实习和企业实践，为学习者提供更多真实的工作机会，帮助其在技术实践中积累经验。这种对技术实践的高度重视使职业教育的学习者具备强大的技术操作能力，能够快速胜任工作岗位要求，同时也为技术知识的动态发展提供了实践基础。

## （三）技术适应性与创新性

职业教育具有高度的技术适应性和创新性，既能够迅速响应技术变迁，又能通过教育创新推动技术进步。随着技术的快速迭代，职业教育需要及时调整课程内容和教学方式以适应新技术的需求。例如，信息技术的飞速发展使得许多传统行业加速数字化转型，职业教育通过增设大数据处理、人工智能应用等课程，帮助学习者掌握应对技术变化的能力。这种适应性不仅体现在课程调整上，也体现在教学设施和师资力量的动态提升上，通过不断引进新设备和加强师资培训，职业教育能够始终与技术发展保持同步。同时，职业教育还具有显著的技术创新性，尤其是在校企合作、产教融合的背景下，通过联合研发、技能竞赛等方式培养学习者的技术创新意识。例如，在现代制造业领域，职业院校的学习者可以通过参与解决真实的技术问题，开发出新的生产工艺或优化现有流程，这不仅推动了企业的技术进步，也为自身创造了更多的就业机会。职业教育对技术适应性和创新性的高度重视，使其能够在快速变化的技术环境中保持前沿性，培养出既能适应当前岗位需求又具有未来发展潜力的技术人才。

## （四）技术价值观培养

技术伦理性是职业教育的独特属性之一，职业教育不仅关注技术技能传授，更重视对技术价值观和职业素养的塑造。在职业教育的过程中，技术实践并非单纯的技术操作，而是伴随着对职业态度和伦理观念的培养。

首先，职业教育通过技术实践传递工匠精神，这种精神强调对工作的精益求精和追求卓越。例如，机械制造专业的学习者在学习加工技术时，不仅需要掌握工艺流程，还需要形成细致、严谨的工作态度，这正是工匠精神的具体体现。其次，职业教育注重对团队合作和职业伦理的教育，通过技术操作中的协作实践，使学习者理解团队合作的重要性，同时培养其责任意识和职业道德。例如，在职业教育课程中，往往要求学习者完成小组任务，从而强化其在集体工作中的协调能力和伦理责任感。再次，职业教育还注重技术的社会责任导向，通过教学内容和案例分析让学习者认识到技术应用的社会影响。例如，在环境技术课程中，学习者不仅需要学习节能减排技术，还需要理解这些技术对社会可持续发展的重要意义。这种对技术伦理性的培养，使职业教育的学习者能够以更高的职业素养和社会责任感面对工作和技术变迁，从而更好地为社会发展服务。

## 二、职业教育的技术哲学逻辑基础

### （一）本体论根基：理解技术与职业教育的内在关联

1. 技术本质与职业教育实践的关系

技术哲学认为技术的本质并非简单的工具或手段，而是人类实践活动的成果。这种"实践生成观"强调技术作为人类创造的延伸，包含了人类的智慧、劳动和创造力。职业教育正是通过技能操作、设备使用和工艺设计等实践活动，将理论知识内化为技术能力，培养学习者成为能够直接服务社会和经济发展的技能型人才。例如，在机械设计专业中，学习者不仅需要学习力学原理，还要通过实际操作设计和制造符合行业需求的产品。这种实践活动让学习者在解决实际问题的过程中掌握技术的本质属性，即通过创造性的劳动满足特定需求。因此，职业教育不仅培养技术操作者，更培养具有技术创新潜力的创造者。

2. 技术生成"人造物"的丰富与创新

技术哲学指出，技术生成的"人造物"不仅包括实体工具，还包括技能、方法和系统。职业教育的目标正是让学习者掌握这些技术"人造物"，并通过学习、实践和创新进一步丰富其种类。例如，在智能制造领域，学习者需要掌握机器人操作、编程控制等技能，同时也需要学会优化生产流程和开发新工艺。通过职业教育，学习者不仅可以复制现有技术，还能够参与技术创新，将新的技能和方法引入产业实践。这种动态的技术生成过程体现了职业教育作为技术传承与创新的重要载体的价值。

3. 职业教育的实践性特质

技术哲学强调技术实践活动的主体性与情境性，认为技术知识需要通过在具体情境中的实践加以验证和发展。职业教育正是以实践为导向，通过模拟和真实的工作场景，让学习者在实际操作中将理论知识转化为技术能力。例如，在电力工程的职业教育中，学习者通过实验室仿真和企业实训，将抽象的电路理论知识应用于对实际设备的维护与调试。这种教学模式不仅帮助学习者掌握技术技能，还让他们理解技术在特定情境中的功能和价值，增强了他们适应复杂工作环境的能力。

4. 职业教育的创造力与社会贡献

技术哲学认为技术是人类社会发展的重要驱动力，而职业教育则通过对技术技能型人才的培养，推动技术创新与社会进步的双向互动。职业教育不仅是技术能力的传授过程，更是人类技术创造力的延续与发展。例如，在新能源领域的职业教育中，学习者通过学习风能、太阳能等可再生能源的技术，不仅掌握了基础技能，还能结合实际需求开发绿色能源方案，为社会的可持续发展做出贡献。

### （二）认识论特质：理论与实践的辩证关系

1. 技术知识的应用性与实践验证

技术哲学强调技术知识是一种应用性知识，其价值和效用只有通过实践才能真正体现。在职业教育中，理论知识并非独立存在，而是与技能操作密切相关。例如，机械制造领域的力学原理，只有在具体操作机器、调试设备时，学习者才能深刻理解其实际意义。这种基于实践的验证过程，不仅让理论知识更具直观性，还推动了学习者对知识的内化和深度掌握。同时，实践中的问题反过来又能促使学习者反思理论知识的不足，进一步完善和发展自己的知识体系。

2. 模拟场景与真实工作场景的双重桥接

职业教育通过模拟场景和真实工作场景，将理论与实践紧密结合。模拟场景提供了一个安全且可控的环境，让学习者在错误成本较低的情况下初步将理论知识转化为实践技能。例如，通过虚拟仿真技术或实验室模拟，学习者可以反复操作某些复杂流程，从而对理论知识的操作性有更具体的理解。而真实工作场景则进一步检验学习者在复杂、不确定的环境中运用理论和技能的能力。这种双重桥接模式有助于学习者将抽象的理论知识逐步转化为应对现实问题的实践能力。

3. 情境教学与技能迁移

技术哲学强调知识在特定情境中的具体化，这种特性使职业教育中的情境教学具有重要意义。在实际教学中，职业教育设计了许多与真实工作环境接近的情境，让学习者在具体的工作任务中学习知识。例如，在汽车维修专业中，学习者通过对具体车辆问题的分析和解决，学习发动机原理和故障诊断方法。这种情境化的教学不仅使学习者能够更快适应实际工作需求，还提升了他们的技能迁移能力，使他们能够将学到的知识灵活运用到不同但相关的情境中。

4. 职业教育的创新能力与问题解决能力培养

技术哲学认为，理论与实践的循环转化不仅是对知识的重复应用，更是生成新知识和新技能的过程。职业教育通过引导学习者在实践中分析问题、解决问题，促进他们在理论和技能的基础上实现创新。例如，在现代制造业中，学习者通过实践操作优化生产流程，可能会发现理论教学中未涉及的新问题，这一过程不仅拓展了学习者的知识维度，也培养了他们的创新能力和实践智慧。

## （三）价值论挑战：技术与人的双向塑造

1. 技术实践中的工匠精神传承

职业教育以技术实践为核心，在培养学习者专业技能的同时，也传递了精益求精的工匠精神。工匠精神不仅是一种追求卓越的工作态度，更是一种内在价值观的体现。在职业教育的实际教学中，如产品制作、技术竞赛等环节，要求学习者专注细节、不断改进，这种训练过程潜移默化地塑造了学习者追求完美、尊重职业品质的精神。这种精神超越了单纯的技术能力，成为职业教育中对学习者人格教育的核心内容之一。

2. 职业伦理与团队合作意识的培养

职业教育通过技术训练和项目式教学，强调团队协作的重要性。例如，在现代制造业或服务业的模拟实训中，学习者往往需要分工合作完成复杂的项目，这不仅锻炼了他们的沟通与协作能力，也让他们在实践中体会到职业伦理的重要性，如对责任的承担、对他人工作的尊重以及对共同目标的坚持。通过这样的过程，学习者不仅成为技术的掌握者，也成长为具备职业道德与合作意识的社会成员。

3. 技术与社会责任感的关联塑造

技术哲学指出，技术不仅是工具，还蕴含着社会价值观和伦理选择。

在职业教育中，这种关联被充分体现。例如，在绿色制造或可持续发展课程中，学习者不仅学习低碳技术，还需要认识到其对环境保护的社会意义。这种教学方式帮助学习者从技术的使用者转变为技术的责任承担者，将他们的职业行为与社会责任紧密结合起来。通过职业教育，学习者逐渐形成对技术应用的伦理反思能力，具备在技术发展中促进社会进步的意识。

4. 技术变迁适应与创新能力的培养

技术哲学强调技术对人类发展的深远影响，职业教育通过创新性课程设计，培养学习者适应技术变迁的能力。例如，职业教育强调与时俱进的课程更新，让学习者在学习中接触最新的技术发展趋势，如人工智能、物联网等前沿技术。通过这样的学习体验，学习者不仅能快速适应技术变化，还能够在技术实践中进行创新。这种能力不仅使学习者更具竞争力，也使他们能够在技术驱动的社会中创造更多价值。

## （四）现代社会需求：职业教育与技术社会的匹配性

1. 连接技术与社会的桥梁

职业教育的核心任务是培养技术技能型人才，使其在技术与社会之间充当桥梁角色。技术哲学认为技术的发展不仅依赖于发明创造，也需要通过实践进行广泛应用。职业教育通过教学内容的实际化与岗位需求对接，使技术得以有效传播与落地。例如，通过校企合作模式，职业教育能够将先进技术融入课程，并培养出能够适应企业需求的高技能人才，直接促进社会生产力提升与经济发展。

2. 推动技术进步与社会变革的双向互动

技术哲学强调技术对社会的变革作用，而职业教育通过培养创新型技术人才，在推动技术进步的同时，也助力社会结构优化。例如，在智能制造和信息技术领域，职业教育为企业输送了大批熟悉数字化、智能化技术的技能人才。这种技术能力的普及不仅推动了传统产业的升级换代，还为区域经济转型提供了人力资源支撑。同时，职业教育通过反馈机制，引导技术研发更加关注社会实际需求，形成了技术进步与社会变革的良性互动。

3. 培养技术理性与实践智慧并重的人才

技术哲学提倡技术理性与实践智慧的结合，职业教育在这一理念下，通过实践导向的课程设计，使学习者具备技术理解能力和问题解决能力。例如，在项目式教学和真实场景模拟中，学习者不仅学习如何使用技术工具，还要学习如何根据实际问题进行技术选择和优化。这种对技术理性与实践智慧的培养，使职业教育培养的人才能够在快速变化的技术环境中保持适应性，并通过创新实践为企业和社会创造更多价值。

4. 增强社会经济适应性的创新能力

现代社会技术更新速度加快，对人才的适应性和创新能力提出了更高要求。职业教育通过动态更新课程体系和加强校企协同，培养学习者的学习能力和创新意识，使其能够在快速变迁的技术环境中保持竞争力。例如，通过开设跨学科融合课程（如智能制造＋绿色技术），职业教育不仅为学习者提供了多维度的技术能力，还帮助他们掌握综合运用技术的能力，为技术驱动的经济发展注入了持续的创新动力。

# 第二节 职业教育的内涵

## 一、职业教育的定义

### （一）职业教育的法律定义

2022 年发布的《中华人民共和国职业教育法》第一章第二条规定："职业教育，是指为了培养高素质技术技能人才，使受教育者具备从事某种职业或者实现职业发展所需要的职业道德、科学文化与专业知识、技术技能等职业综合素质和行动能力而实施的教育，包括职业学校教育和职业培训。"第三条指出："职业教育是与普通教育具有同等重要地位的教育类型，是国民教育体系和人力资源开发的重要组成部分，是培养多样化人才、传承技术技能、促进就业创业的重要途径。"可见，职业教育是不同于普通教育的一种教育类型。普通教育注重理论知识传授，职业教育注重实践技能培养。

### （二）职业教育的技术属性

职业教育以技术为核心，涵盖技术理论、工具操作和工艺设计等内容，强调知识与技能的深度融合。这一核心特点贯穿职业教育的课程设计与教学实践，体现了技术学习的全面性和应用性。在技术理论方面，职业教育注重为学习者奠定扎实的科学基础。技术理论不仅涉及工程原理、信息技术等基本知识，还涵盖具体职业领域的专业技能理论。例如，机械制造专业的学习者需要学习材料科学和力学原理，而信息技术领域的学习者则需要掌握编程语言和算法基础。这些理论知识帮助学习者理解技术背后的运行机制，成为他们操作和创新技术的指导依据。然而，职业教育的独特之处在于对实践的强调，而不仅仅是停留在理论层面。通过实际的工具操作，学习者将理论知识应用于具体的情境中，实现从"知"到"行"的转化。无论是对数控机床的编程与操控，还是对焊接设备的精准操作，这种实践不仅锻炼了学习者的动手能力，也培养了他们解决实际问题的能力。此外，职业教育还涵盖工艺设计学习，这部分内容结合理论和实践，要求学习者掌握技术流程优化、产品设计和生产管理的能力。例如，在现代制造业中，工艺设计课程让学习者熟悉如何通过技术创新提升生产效率并满足市场需求。通过技术理论、工具操作与工艺设计的有机结合，职业教育培养出的人才不仅具备扎实的理论基础，还能在技术应用中表现出高效性与创造力，真正实现知识与技能的融合。这种教育模式适应了产业对技术人才的需求，赋予学习者更强的职业竞争力，同时推动技术在生产和社会中的广泛应用。

### （三）职业教育的实践性定位

职业教育的实践性定位体现在其教育目标、课程设置和教学方法中，是其区别于普通教育的核心特征。实践性定位的本质在于通过真实和模拟的职业场景，使学习者通过"做中学"掌握实际操作能力和解决问题的技能。职业教育以满足职业需求为目标，注重对学习者实践能力的培养，通过将理论知识转化为实际操作技能，提升学习者的职业适应能力和竞争力。在课程设置上，职业教育通常将实践环节置于核心地位，课程内容围绕岗位需求设计，注重真实情境还原。例如，在机电专业，学习者不仅需要学习机械设计的理论，还必须在车间中操作机床、检修设备，以形成实际解决问题的能力。教学方法也充分体现了实践导向，采用案例教学、项目驱动教学和校企合作等方式，让学习者在接近真实的工作环境中学习。例如，通过企业实习，学习者直接参与生产流程、了解行业标准、积累职业经验，这种"学中做"与"做中学"的模式大大增强了他们的职场适应能力。更重要的是，职业教育的实践性定位还强调对技术创新能力的培养。在快速变化的产业环境中，仅具备基础操作技能已不足以应对复杂的职场环境，学习者需要通过反复的实践与探索，学会分析问题、优化流程并提出创新性解决方案。因此，职业教育的实践性不仅体现在技能训练上，还体现在培养学习者的批判性思维和创新能力上，这种综合素质的提升使学习者能够在技术岗位上实现价值最大化。通过将实践贯穿教学始终，职业教育有效弥合了教育与产业之间的鸿沟，确保学习者毕业即能上岗、上岗即能胜任，为社会提供了大批高素质技术技能人才，也为经济发展提供了强有力的支持。

## 二、职业教育的本质

职业教育是一种独特的教育体系，其本质在于深度融合技术的实践性、过程性和社会性。它强调"做中学"的教育理念，通过真实和模拟的工作场景，让学习者在实践中掌握技能、内化知识，并培养对复杂问题的分析和解决能力。同时，职业教育注重技术的全过程学习，从需求分析到设计开发，再到生产实施和质量监控，让学习者全面理解技术的动态性和体系性。此外，它还着重培养学习者的社会责任感，使他们能够在技术的开发与应用中考虑社会需求，并具备对技术应用的批判性思维。职业教育不仅传授具体技能，更致力于塑造具备创新能力、适应技术变革并能够推动社会进步的高素质人才。这种教育类型为学习者提供了理解和应对复杂技术体系的能力，使他们能够在未来的职业生涯中保持竞争力，并为社会的进步和发展做出贡献。

### （一）技术的实践性

从技术哲学的视角来看，技术的实践性是职业教育的核心特征之一，也是其本质的重要体现。技术哲学认为，技术是一种以实践为导向的知识体系，其意义和价值通过实际操作和应用来展现。在职业教育中，这种实践性表现为"做中学"的教育理念，即学习者通过真实和模拟的工作场景，在实践活动中掌握技能并内化知识。

职业教育的课程设计要紧密围绕岗位需求，强调理论与实践相结合。例如，在机械制造领域，学习者需要通过实际操作车床、焊接设备或编程数控机床，将力学原理、材料特性等理论知识运用于设备调试和生产过程中。这种实践导向的教育方式使得学习者不仅能够理解技术的运行原理，还能熟练应用技术解决具体问题。这种实践性不仅包括操作技能训练，还包括对复杂问题的分析能力和解决能力的培养。学习者在动手实践中不断反思和总结，从而提升认知能力和创新能力。

同时，职业教育的实践性还体现在教学方法上。案例教学、项目驱动教学和工学结合等方法，将教学内容与实际生产任务紧密结合，进一步强化了"学中做"的理念。例如，学习者通过参与企业实习，可以直接接触生产一线，了解行业的技术要求、工艺流程和质量标准。这种"沉浸式"实践体验不仅使学习者积累了宝贵的职业经验，也提升了其对未来职业环境的适应能力。

### （二）技术的过程性

技术哲学指出，技术不仅是工具和手段，更是一种动态发展的系统和过程。职业教育的本质之一就是帮助学习者掌握技术开发、应用和改进的全过程，这种技术的过程性特征深刻体现了职业教育与技术哲学的契合之处。

在职业教育中，技术的过程性体现在课程内容和教学活动中。例如，学习者学习工艺设计时，不仅需要了解如何操作特定设备，还需要掌握从产品构想到工艺优化的整个流程。这种学习过程涵盖了技术需求分析、资源选择、设计开发、生产实施到质量监控的各个环节，让学习者从整体上理解技术的体系性和动态性。通过这种全过程的学习，学习者不仅获得了技术的具体应用能力，还能在未来的职业生涯中参与技术的改进与创新。

此外，职业教育中技术过程性的培养还表现在实践活动的设计中。例如，在汽车维修专业中，学习者需要系统学习汽车故障诊断与维修流程，从识别问题到选择解决方案，再到执行和检验修复效果。这一过程要求学习者不仅具备技术操作能力，还要学会系统思考和协调资源，这种系统性的训练正是技术过程性教育的核心价值所在。

这种过程性教育还提升了学习者的自主学习能力和创新能力。在现代技术环境中，单一技能已不足以满足复杂的职业需求。学习者通过完整的技术过程学习，能够适应技术的更新与变化，从而保持职业竞争力。这种能力的培养使得职业教育超越了简单的技能培训，而是为学习者提供了理解和应对复杂技术体系的能力，体现了技术哲学中的过程性理念。

## （三）技术的社会性

技术哲学强调，技术并非孤立存在，而是嵌入在社会结构和人类活动中的一种社会实践。职业教育从本质上来说，不仅是培养学习者的技术能力，更是将其塑造成能够适应技术社会的人才。这种技术的社会性是职业教育的另一个核心特征，它体现为技术应用的社会责任感和推动社会进步的使命感。

职业教育通过培养学习者对技术与社会关系的理解，使他们能够在技术的开发与应用中考虑社会需求。例如，智能制造领域的学习者不仅学习如何设计自动化生产线，还需要关注这种技术如何影响劳动效率、资源利用和环境保护。这种教育方式让学习者认识到技术的社会价值，以及技术在提升生产力、改善生活条件中的作用。

此外，技术的社会性还体现在职业教育对学习者社会责任感的培养上。技术的应用可能带来伦理问题，例如人工智能的隐私保护或自动化对就业的影响。职业教育通过专门的课程或实践活动，引导学习者思考这些问题，培养他们对技术应用的批判性思维和社会责任感，使他们不仅能熟练运用技术，还能推动技术在社会中的合理应用与发展。

# 三、职业教育的目标

## （一）培养高素质技术技能人才

职业教育的首要目标是培养具有实践操作能力和技术技能的高素质人才，以满足社会经济发展的实际需要。通过课程设置与实践教学，学习者能够掌握现代化生产所需的技术能力，如设备操作、工艺流程优化、质量控制等。这一目标直接服务于企业和行业的技术升级，为制造业、服务业等提供稳定的人才供给，同时推动产业结构优化与升级。

1. 培养学习者具备技术能力

技术能力培养是职业教育的核心目标之一，它通过科学的课程设计和多样化的教学形式，帮助学习者掌握现代技术的基本操作方法、设备的使用技巧以及对复杂问题的解决能力，以满足快速发展的社会和企业对技术型人才的实际需求。在课程设置方面,职业教育通常采用模块化结构,将理论知识与技术技能有机结合。例如,机电一体化专业的学习者需要学习电气原理和机械设计的理论课程,同时通过实践环节如设备组装、调试和维修,将这些理论应用于具体情境中,达到知行合一的教学目标。在实践教学中,学校与企业深度合作,通过校内实训和企业实习等方式,提供真实的工作环境和任务。学习者在完成实际项目的过程中,不仅熟练掌握了设备操作和技术工艺,还能够锻炼解决复杂技术问题的能力。例如,学习者可能在企业实习中参与到生产线优化的项目中,需要综合运用所学知识提出可行的解决方案,从而培养其综合分析能力和实践能力。技术能力培养还需要与时代同步。随着信息技术的迅速发展,职业教育也在不断更新教学内容,将人工智能、大数据等新兴技术纳入课程体系。通过这一方式,职业教育不仅使学习者掌握当前技术技能,还为他们适应未来技术变革奠定基础,为社会和企业源源不断地输送高质量的技术型人才。

2. 提高学习者的职业素养

职业教育不仅关注对学习者技术技能的培养,还重视其职业素养的提升,特别是在技术文化教育中,通过塑造技术伦理意识、协作精神以及对技术价值的正确认知,为社会培养兼具技术能力和社会责任感的高素质人才。在技术伦理意识方面,职业教育帮助学习者关注技术应用带来的伦理与社会问题。通过技术文化课程和案例分析,学习者能够认识到技术决策的社会后果,树立负责任的技术观念。例如,在自动化系统开发教学中,学习者不仅学习如何优化生产线效率,还被引导思考技术对劳动者权益的潜在影响,培养其技术应用中的人文关怀。此外,协作精神是职业教育中职业素养提升的核心内容。通过团队项目和合作实训,学习者在跨学科团队中学习分工与协调能力。例如,在建筑工程项目中,学习者需与团队成员共同完成从设计到施工的各环节,这种实践经历不仅提升了他们的团队合作意识，也为未来职业发展打下基础。对技术价值的正确认知则是职业素养提升的基础。职业教育通过介绍技术发展史和社会影响，使学习者认识到技术不仅是生产工具，更是推动社会进步的重要力量。这种对技术意义的深刻理解能够使学习者更自觉地将职业发展与社会需求结合起来，成为推动技术与社会共同进步的力量。通过技术技能与职业素养的双重培养，职业教育不仅输出熟练的技术操作者，更为社会输送具备协作能力和社会责任感的高素质技术型人才，为社会的可持续发展提供了重要支撑。

3. 增强学习者的就业竞争力

职业教育通过提供实用性强、高度专业化的技能培训，直接满足特定行业或职业岗位的需求，显著提升学习者的技能水平与职业竞争力。这些技能不仅包括硬技能（如编程、机械设计、财务管理等），还涵盖软技能（如团队合作、沟通表达、问题解决等），帮助学习者全面应对职业挑战。职业教育注重课证融通，学习者通过学习可获得行业认可的职业资格证书或专业认证，这些证书既是能力的证明，也是企业筛选人才的重要依据，为学习者在求职市场上提供了显著优势。职业教育强调理论与实践相结合，通过实习、项目合作、模拟实训等形式，让学习者在真实和模拟工作环境中积累经验，不仅加深了他们对理论知识的理解，还培养了他们解决实际问题的能力，使其能够迅速适应职场需求。此外，职业教育为学习者搭建了广泛的职业网络，通过接触行业专家、导师及同行，学习者能够获取职业动态和机会，甚至找到未来的合作伙伴。与此同时，职业教育机构通过校企合作、招聘会等形式，提供丰富的就业资源，为学习者与就业市场之间搭建起直通的桥梁，从而为其职业发展奠定坚实基础。

## （二）服务区域经济与产业转型需求

1. 专业设置贴近地方经济发展需求

职业教育以地方经济发展需求为基础，动态调整专业设置，以确保培养的人才能够契合区域产业结构和企业需求。在地方经济发展过程中，不同地区的产业优势和重点领域各不相同，职业教育通过调研企业需求、分析区域经济趋势等方式，精准定位专业方向。例如，依托先进制造业的地区可能设立智能制造技术专业，农业发达地区则可能开设农业机械化或食品加工专业。专业设置的这种区域化特点，使职业教育与地方经济形成了良性互动：一方面职业教育为地方提供技能型人才支持，另一方面地方经济的发展也推动职业教育的持续优化和调整。

2. 课程改革推动技能与产业接轨

课程改革是职业教育服务地方经济的重要抓手，其核心目标是使教学内容和教学方法与产业发展实际需求相匹配。在技术变革和产业升级的背景下，传统的课程内容可能滞后于实际应用需求，因此职业教育通过课程的动态调整，融入前沿技术与最新工艺。例如，针对智能制造领域的需求，课程可能会涵盖工业机器人操作、物联网技术应用等前沿知识。此外，课程改革也注重实践性环节的强化，如引入真实企业项目作为教学案例，或者通过仿真技术模拟产业场景，让学习者在学习中接触到最新技术与行业标准，从而缩短其从校园到职场的适应周期。

3. 产教融合与校企合作助力区域经济转型

职业教育通过产教融合和校企合作的形式，直接将教育资源和地方产业资源对接，从而提升服务区域经济转型的能力。产教融合不仅体现在共建专业课程、共享实训基地等方面，还包括企业深度参与人才培养全过程，如共同制定教学大纲、提供师资支持和实习机会等。在智能制造、人工智能、新能源等领域，职业教育与企业合作开展技术研发、联合培养高端技能人才等，直接助推了区域产业升级。例如，一些职业院校与龙头企业共建的产业学院，不仅提升了教学质量，也成为企业解决技术难题和培训员工的重要平台，从而在区域经济发展中形成"教育—技术—产业"的协同效应。

　　职业教育通过专业设置、课程改革和产教融合的多维协作，为地方经济提供了源源不断的技术技能人才支持，同时也为区域经济的转型升级奠定了坚实的基础。这种与地方经济紧密结合的教育模式，充分体现了职业教育在服务地方经济与产业发展的过程中不可替代的作用。

# 第三节 职业教育的价值

## 一、职业教育的经济价值

### （一）职业教育对就业市场的贡献

1.职业教育增强就业竞争力，培养高质量技能型人才

职业教育以提升技术技能和职业素养为核心，培养能够快速适应岗位需求的高素质劳动者。其实践导向的教学模式，通过仿真实训、项目学习等方式，使学习者掌握直接面向岗位的实用技能。例如，制造业需要精密操作能力，服务业重视沟通和解决问题的能力，职业教育通过专业化课程设计满足这些需求。同时，职业教育注重培养团队协作、时间管理等软技能，这些素质通过团队项目和实训活动得以强化，帮助学习者胜任多样化的工作环境。此外，职业资格认证和技能竞赛进一步提高学习者的职业认可度，使其具备更强的就业竞争力。通过提供与行业需求相匹配的人才，职业教育不仅助力个人职业发展，也为经济转型和产业升级提供了重要的人才支撑。

2.职业教育推动教育与企业需求对接，缩短就业适配周期

职业教育通过产教融合和校企合作，构建教育与市场需求的高效衔接机制。职业院校与企业共建实训基地、定制课程，使学习者在校期间即掌握岗位所需技能。例如，在智能制造领域，职业院校引入企业真实项目，让学习者在学习中体验工作场景并积累实践经验。企业参与培养过程，获

得了更符合需求的技能型人才，降低了招聘和培训成本。职业教育的灵活性使其能够快速响应市场变化，如通过新增人工智能、5G 通信等专业课程满足新兴技术领域的需求。通过动态调整教学内容和方式，职业教育不仅提升了学习者的就业能力，还助力企业和行业应对技术变革，实现技术革新和人才快速适配。

3. 职业教育促进产业升级，助力就业市场优化发展

职业教育通过培养新兴领域人才和推动技术革新，成为促进产业转型和结构优化的重要力量。在绿色经济背景下，职业教育开设新能源技术、绿色建筑等专业，为低碳、高效发展输送技术人才。例如，职业院校的学习者参与生产流程优化或新产品设计，直接助力企业降本增效，推动产业升级。同时，职业教育通过再培训帮助劳动者适应岗位转型，如为失业者提供短期技能提升课程，拓宽其再就业途径。这种教育模式不仅满足了就业市场对技术型人才的需求，还通过推动新技术的应用，优化了就业市场的结构，为经济可持续发展提供了长期保障。

## （二）职业教育对产业升级的推动作用

1. 职业教育紧跟产业趋势，培养新兴领域急需人才

职业教育在产业升级中首先表现为其对新兴领域人才需求的敏锐响应。随着技术不断革新，许多传统产业面临转型挑战，而新兴产业如人工智能、大数据、绿色能源和智能制造则快速崛起。这些新兴领域对劳动力提出了高度专业化、技术含量高的要求。职业教育通过动态调整课程内容、开发新专业方向以及加强校企合作，为新兴产业输送急需的人才。例如，在绿色能源行业，职业院校开设了新能源技术和可持续发展相关课程，培养了一批具有风能、太阳能利用技术的专业人才，为绿色产业的成长注入了强劲动力。同样，在数字经济中，大数据分析、云计算和区块链等课程

的开设，使学习者能够掌握新兴技术应用的核心技能，从而在毕业后迅速进入高成长性的行业工作。

2. 提升劳动者技能水平，助力传统产业优化升级

职业教育在推动产业升级中的另一个重要作用是帮助提升传统产业中劳动者的技能水平，为产业优化提供关键支撑。随着全球经济格局的变化，传统产业如制造业、服务业等，迫切需要通过技术升级和流程优化提高效率和竞争力。职业教育通过强化技术型人才培养，帮助传统产业完成从低端加工到高端制造、从低价值链到高价值链的转型。以智能制造为例，许多职业院校开设了工业机器人、自动化设备维护和智能工厂管理相关课程，为制造业培养了大批技能型工人和技术人员。这些受过专业训练的学习者进入企业后，能够熟练操作现代化设备，并积极参与工艺流程改进。例如，他们在生产线上引入自动化技术或通过数据分析优化工艺流程，从而大幅提升了生产效率和产品质量。

3. 促进技术创新与协同发展，加速产业转型步伐

职业教育不仅为产业提供技能型人才，还在推动技术创新和协同发展方面发挥了重要作用。这种创新能力主要来源于职业教育与企业、科研机构之间的深度合作，以及通过实践教学培养学习者创新意识的特有优势。在产业升级的背景下，技术创新是决定产业转型速度和质量的核心因素，而职业教育正成为技术创新的重要推动力量。职业教育通过产教融合模式，促成了技术研发和应用的结合。例如，许多职业院校与企业共建技术研发中心或实验室，学习者在完成学业的同时参与企业真实项目的开发。这种模式不仅提升了学习者的创新能力，还直接为企业带来了新的技术成果。例如，在汽车制造领域，职业院校学习者与企业合作开发了新能源汽车的关键零部件生产工艺，大大降低了生产成本，推动了相关产业链的升级。

### （三）职业教育对减少失业率的影响

1. 职业教育提供针对性技能培训，提升就业竞争力

职业教育通过为劳动者提供与岗位需求紧密匹配的技能培训，大幅提升了他们的就业竞争力，这是减少失业率的重要途径之一。在快速变化的就业市场中，企业倾向于雇用具备实用技能、能够迅速上岗的员工，而职业教育正是针对这一需求进行人才培养的。首先，职业教育通过开设基于行业需求的课程，让学习者掌握高匹配度的专业知识和操作技能。例如，在信息技术领域，职业教育院校开设了大数据处理、网络安全和软件开发课程，使学习者能够满足技术岗位的需求。学习者在毕业后无须经过长时间的岗前培训便能迅速胜任工作，从而有效降低了就业市场的摩擦性失业。其次，职业教育注重实践与理论相结合的教学模式，通过实训、实习和校企合作项目，帮助学习者积累工作经验和实践技能。这些经验弥补了传统学术教育中实践不足的短板，使毕业生更具就业吸引力。例如，在制造业领域，职业院校通过工学结合的培养模式，让学习者参与生产实践，为企业创造价值的同时提升了自身技能。

2. 职业教育为转岗和再就业提供途径，缓解结构性失业

职业教育在降低结构性失业方面具有重要意义，尤其是帮助失业者通过技能再培训适应新的就业机会。在经济结构调整或技术变革导致的行业萎缩中，许多原本就业稳定的劳动者可能因技能不适应而失业。职业教育通过提供灵活的培训机制，帮助这类劳动者实现转岗和再就业，从而减少结构性失业。例如，在传统制造业向智能制造转型过程中，大量普通工人因无法操作自动化设备而面临失业风险。职业教育通过开设短期技能提升班，让这些工人学习工业机器人操作、智能生产线维护等新技能，使其能够重新进入现代化制造企业工作。这种快速响应劳动力市场变化的能力，使职业教育成为缓解结构性失业的重要工具。此外，职业教育还帮助其他

职业群体完成跨领域的就业转型。例如，在新冠疫情期间，许多服务业从业者失去了工作，职业教育通过开展电商、数字营销等新兴领域的技能培训，为他们开辟了新的就业路径。

3.职业教育助力创业和自我就业，创造就业机会

职业教育通过培养学习者的创业能力和自主就业能力，从根本上减少了劳动力市场上的失业压力。相比传统教育模式，职业教育更加注重对实践能力、创新意识和市场洞察力的培养，使学习者具备创业所需的综合素质，为社会创造了更多就业机会。首先，职业教育通过开设创业课程和提供创业指导服务，帮助学习者从零开始构建自己的事业。例如，在农业职业院校，学习者学习了现代农业管理和智慧农业技术后，能够独立创业经营农场，不仅解决了自身的就业问题，还为当地社区提供了新的工作岗位。其次，职业教育还为自主职业发展提供支持，尤其是在自由职业和灵活就业逐渐兴起的时代背景下。例如，在设计与多媒体领域，职业院校的毕业生通过掌握平面设计、视频剪辑等技能，可以选择成为自由职业者或网络平台的内容创作者。这种灵活就业形式不仅增加了个人收入来源，也提升了劳动力市场的多样性和适应性。

# 二、职业教育的社会价值

## （一）职业教育对社会包容性的促进

1.包容不同背景的学习者，促进教育公平

职业教育作为一种开放性较强的教育形式，为不同背景的学习者提供了平等接受教育的机会，显著推动了教育公平的实现。传统教育体系往往因其高门槛和单一评价体系，无法完全满足社会多样化需求，尤其是对来

自弱势群体或特殊背景学习者的支持力度不足。职业教育通过灵活的招生政策和丰富的课程选择，向社会各界开放。例如，许多职业教育机构为经济困难的学习者提供奖助学金、减免学费或带薪实习机会，降低了经济障碍对教育公平的影响；针对少数民族或偏远地区的学习者，职业教育通过发展区域特色专业、开展跨区域合作办学，解决了教育资源分配不均的问题。此外，职业教育对年龄和学历的包容性，让许多已经进入社会的成年人能够重新接受培训，提升职业能力，这不仅满足了个体的教育权利，也弥补了传统教育在终身教育方面的不足。职业教育的这些特点使其成为促进教育公平、推动社会和谐的重要途径，为建设一个更加包容的教育体系提供了有力支持。

2. 因材施教，满足不同能力学习者的需求

职业教育注重因材施教，通过灵活的教学模式和多样化的课程设置，满足了不同能力水平学习者的需求，使每个人都有机会实现自身潜能。传统教育以统一标准为主，往往忽略了学习者在兴趣、能力和学习节奏方面的差异。而职业教育则通过实践导向的课程和模块化教学模式，最大程度地满足了个性化需求。例如，对于动手能力强但学术成绩一般的学习者，职业教育通过实训课程和项目化教学，帮助他们掌握实践技能，并实现快速就业；而对于创新能力较强的学习者，则开设数字化设计、工业研发等特色课程，为其提供深入发展的平台。此外，职业教育通过灵活的学习安排，如线上线下混合教学、弹性学制等，适应不同学习能力和生活状况的学习者需求，使得每个学习者都能够以适合自己的方式获得成长。这种因材施教的教育理念，不仅提升了学习者的学习效果，还帮助他们树立了职业信心，为他们的长期职业发展奠定了坚实的基础。

3. 推动社会融合，增强包容性和社会和谐

职业教育在推动社会融合和增强社会包容性方面发挥着独特作用，为

构建更加和谐的社会提供了重要支持。其一，职业教育通过技能培训和就业指导，帮助弱势群体（包括低收入者、失业人员以及残疾人）提升就业能力，从而实现社会融入。例如，通过提供定向技能培训计划和个性化职业指导，职业教育帮助大量弱势群体掌握一技之长，并进入稳定的工作岗位，从而改善了他们的生活质量并降低了社会贫困率。其二，职业教育倡导终身学习理念，为社会各界人士提供多次学习和发展的机会，使劳动者能够根据社会经济的变化不断更新知识和技能。这种学习文化不仅提升了个人职业竞争力，还促进了社会成员之间的理解与协作。其三，职业教育通过培养大量技术人才，增强了社会的流动性，为低收入家庭的学习者提供了进入中高收入岗位的机会，提升了社会公平性。通过推动社会融合和包容性发展，职业教育成为解决社会矛盾、促进社会稳定的重要力量，有助于构建更加公平、和谐和可持续发展的社会。

### （二）职业教育对减少社会分层的作用

1. 提升低收入群体的职业竞争力，促进社会公平性

职业教育通过提供技能培训和就业指导，为低收入群体提供了向上流动的通道。传统的教育模式由于门槛较高，往往对经济困难家庭的子女、失业群体以及其他弱势群体形成阻碍，难以有效改变他们的社会经济地位。职业教育则以实用性为导向，专注于培养劳动市场急需的技能，降低了教育门槛并增强了职业可进入性。例如，通过开设与本地产业需求紧密结合的课程，如智能制造、电子商务或养老服务等，职业教育为经济条件有限的学习者提供了直接对接就业市场的能力，从而缩小了他们与中高收入岗位的距离。此外，许多职业教育机构为弱势群体提供政策支持，如学费减免、带薪实习和就业推荐服务，这不仅降低了他们受教育的经济成本，还提升了他们的就业概率。通过提升低收入群体的职业竞争力，职业教育

为建设更加公平的社会秩序奠定了基础。

2. 缓解中等收入群体的就业焦虑，维护社会稳定

职业教育不仅为低收入群体提供了发展路径，也为中等收入群体提供了职业技能升级和职业转型的机会，从而缓解了他们因社会变迁和技术进步带来的就业焦虑。随着产业结构的调整和技术升级，许多传统职业逐渐被取代，中等收入劳动者面临失业或降级就业的风险，这一现象对社会稳定构成威胁。职业教育通过灵活多样的培训模式，如在职培训、技能提升课程和行业认证项目，为中等收入群体提供了掌握新技术和适应新岗位的机会。例如，在制造业向智能化转型的背景下，职业教育针对传统蓝领工人开设机器人操作、工业数据分析等课程，使其能够顺利过渡到新兴岗位。此类技能提升不仅巩固了中等收入群体的职业稳定性，也提升了他们的职业竞争力，减少了因就业问题引发的社会矛盾。职业教育通过赋能中等收入群体，降低了社会变革带来的不稳定因素，为经济的平稳运行提供了保障。

3. 缩小城乡教育与职业发展差距，推动区域均衡发展

职业教育通过弥合城乡教育资源的差距，促进了区域之间的人员流动，为不发达地区的群体提供了向上发展的机会。城乡发展长期存在失衡现象，农村和偏远地区的教育资源相对匮乏，导致其学习者难以获得与城市学习者同等质量的教育和就业机会。职业教育在这一问题中扮演了重要角色，通过将优质教育资源向农村地区倾斜，增加区域合作办学模式，职业教育为农村学习者创造了与城市学习者平等发展的机会。例如，通过订单式培养或校企合作，职业教育能够直接对接区域特色产业，为农村地区学习者提供学习与就业一体化的教育路径，从而打破了城乡职业发展的壁垒。此外，国家支持下的职业教育项目，如"技能扶贫"计划，为偏远地区的年轻人提供免费或低成本的职业技能培训，帮助他们走出原有的经济

困境，融入更广阔的劳动市场。通过缩小城乡教育与职业发展的差距，职业教育推动了区域内社会资源的均衡配置，为减少社会分层提供了有效解决路径。

### （三）职业教育对提高生活质量的贡献

1. 提升个体经济能力，改善生活条件

职业教育以技能培养为核心，为受教育者提供进入劳动市场的实际能力培训，从而显著提升其经济能力，改善其个人及家庭的生活条件。与普通教育相比，职业教育注重就业导向，通过校企合作、订单式培养等方式，使学习者在毕业时具备立即上岗的能力。这种高效的教育路径不仅缩短了学习者的求职时间，还显著提高了他们的初次就业率，为学习者提供了稳定的经济来源。例如，职业教育毕业生往往在高需求行业，如信息技术、智能制造和医疗护理领域就业，这些领域的薪资水平普遍高于其他行业，从而为毕业生带来了更为优越的经济回报。此外，职业教育对来自农村地区和贫困家庭的群体尤为重要，通过开设与地方经济发展相匹配的课程，职业教育帮助他们获得了市场紧缺的技能，打破了代际贫困的恶性循环。职业教育通过提升个体的经济能力，直接改善了其生活条件，使更多人得以享受现代社会的物质和文化成果。

2. 提升职业素养与社会融入能力，促进心理与生活满意度

职业教育不仅关注职业技能培养，还通过综合素质课程提升个体的职业素养和社会融入能力，从而提高其心理与生活满意度。现代职业教育的课程设置通常包括团队协作、沟通技巧、职业道德等内容，这些软技能培养使毕业生在工作中更加适应复杂的职业环境，从而获得更高的工作稳定性和职业发展空间。同时，职业教育通过多样化的教学形式，如实践项目、企业实训等，帮助学习者在真实的职业环境中积累经验，增强其职业信心。

心理学研究表明，职业成就感是个体生活满意度的重要来源之一，而职业教育通过提升学习者的就业能力和职业成就感，有效增强了其对社会的认同感和归属感。此外，职业教育还注重培养终身学习的意识，使受教育者能够通过不断提升技能，适应快速变化的市场需求，从而避免失业带来的心理压力和不安全感。通过促进职业素养与心理适应，职业教育对学习者生活质量的提升具有长远的积极影响。

3.改善家庭与社区生活，推动社会整体福祉提升

职业教育的积极作用不仅体现在个体层面，也通过改善家庭和社区生活，推动社会整体福祉的提升。受过职业教育的人往往具备更强的经济实力和社会责任感，这使得他们能够为家庭提供更优质的生活条件，包括更好的教育、医疗和住房资源，同时也更有能力参与社区建设。例如，职业教育毕业生中小微创业者比例较高，他们通过创业创造就业机会，带动地方经济发展并改善社区生活环境。此外，职业教育注重培养学习者的社会服务意识，使他们在工作之余更积极参与公益活动和社区服务，这种正向反馈机制进一步增强了社区的凝聚力和幸福感。从家庭到社区再到社会，职业教育通过提高学习者的生活质量，创造了一个以个人发展推动社会整体福祉的良性循环，对社会稳定和经济可持续发展起到了不可替代的作用。

# 三、职业教育的文化价值

## （一）职业教育对文化多样性的维护

1.职业教育将文化融入课程设计，促进多样性传承

职业教育在课程设计中融入地方文化和民族特色，有助于维护和传承

文化多样性。这种文化融入不仅体现在教学内容上，还体现在实践活动和课程资源的开发中。例如，在少数民族聚集地区，职业院校往往开设以传统技艺为核心的专业课程，如织布、雕刻或民族音乐，通过培养学习者的技能，保护濒危的文化遗产。这一教育模式超越了单一的技能培训，成为文化传承的重要途径。同时，这种本地化课程设计还使学习者具备与自身文化背景密切相关的职业技能，从而增强他们的文化认同感和职业自豪感。通过这种文化教育与职业教育相结合的方式，职业院校在促进学习者就业的同时，也为多元文化的保存与发展提供了重要支持。

2. 职业教育加强文化交融实践，培养多元化视角

职业教育通过校企合作和国际交流项目，创造文化交融的实践机会，帮助学习者形成多元化视角。例如，职业院校与"一带一路"合作伙伴合作培养技术人才，不仅让学习者学习到国际化的技术技能，还接触到不同文化的价值观和工作方式。在跨文化交流中，学习者通过团队合作和技术竞赛等活动，逐步形成对文化多样性的尊重与理解。此外，职业教育倡导包容的校园文化环境，在多民族学习者群体中开展文化节或语言互学项目，使学习者能在共融的氛围中提升跨文化沟通能力。这种文化交融实践，不仅培养了学习者在多元文化环境中的适应能力，也使职业教育成为促进社会文化包容的重要平台。

3. 职业教育推动文化产品创新，助力文化产业发展

职业教育通过培养创意型人才，为文化多样性维护注入创新动力，特别是在文化创意产业中。职业院校利用现代技术手段，将传统文化元素与数字化设计、工艺创新相结合，开发新型文化产品，从而在市场中增强传统文化的吸引力。例如，学习者通过学习数字媒体、工艺美术等课程，将民族纹样融入现代服饰设计，或开发以文化符号为核心的数字化体验产品。这种创新不仅推动了文化产业的发展，还为传统文化的传播与延续提

供了新的路径。同时，职业教育通过项目实践、竞赛等方式激发学习者的创意潜力，使他们在技术与文化的结合中找到个人发展方向。这种文化产业与职业教育的融合，为文化多样性的维护和创新创造了持续动力。

### （二）职业教育对文化传承的作用

#### 1. 职业教育通过技艺传承保护非物质文化遗产

职业教育在保护非物质文化遗产方面发挥着重要作用，其通过专业课程的设置和实践活动的开展，使传统技艺得以传承与发扬。非物质文化遗产保护不仅需要理论研究，更需要实际操作能力培养。职业院校开设如传统手工艺、表演艺术和民间技艺等专业课程，通过手把手教学、工坊训练和师徒制的模式，将这些濒危的文化遗产传授给新一代学习者。例如，许多职业学校与地方文化遗产保护机构合作，为传统编织、陶艺和雕刻等技艺制订系统性的学习计划，确保技艺传承的规范化和可持续性。这种基于职业教育的文化传承模式，不仅培养了文化传承者的专业能力，也为文化遗产保护注入了新生力量，使传统技艺在现代社会中焕发新的生命力。

#### 2. 职业教育结合现代技术创新助力文化传承

职业教育通过现代技术与传统文化的结合，为文化传承提供了创新的路径。在数字化和信息技术飞速发展的背景下，职业教育通过开设数字媒体设计、虚拟现实应用和文化产品开发等相关课程，将传统文化元素融入现代技术中。例如，学习者通过数字建模技术复原传统建筑，利用3D（三维）打印技术复制传统工艺品，或通过新媒体平台展示传统艺术形式。这种技术与文化的结合，不仅丰富了文化传承的方式，还增强了传统文化的吸引力和传播力。此外，职业院校通过校企合作和产教融合，将文化产品开发与市场需求相结合，既提高了学习者的职业能力，又推动了传统文化的创造性转化和创新性发展，从而实现文化传承的现代化和可持续化。

3.职业教育培养文化传承人才推动区域文化复兴

职业教育在文化传承中具有培养专门人才的功能，为区域文化复兴提供了重要的人力资源支持。在职业院校中，学习者不仅学习与传统文化相关的技能，还在课程中接受文化价值和历史背景的熏陶，形成对文化传承的使命感和责任感。例如，地方职业院校针对区域特色文化，开设专门的课程或培训项目，如湘绣技艺、景泰蓝制作或皮影戏表演等，培养能够胜任文化保护、开发和推广的专业人才。这些学习者在毕业后成为文化传承的主力军，活跃于文化产业、教育培训和文化交流领域。此外，职业教育还通过社区服务和区域文化活动，将文化传承与社会发展紧密结合，为地方文化振兴提供智力支持和技术保障，从而在更广泛的层面上推动文化的传承与创新。

## （三）职业教育对文化创新的影响

1.职业教育助力传统文化元素的现代化转型

职业教育通过课程设置和实践创新，为传统文化元素的现代化转型提供了重要平台。职业教育鼓励学习者将传统文化与现代技术相结合，探索其在当代语境中的新表达形式。例如，在服装设计专业中，学习者通过学习传统刺绣技艺，并将其与现代时尚设计理念相结合，创作出兼具传统文化内涵与现代审美价值的作品。这种结合不仅赋予传统文化新的生命力，也使其更容易被当代社会所接受和传播。此外，职业院校通过开设文化创意相关课程，培养学习者在文化产品开发中的创新能力，使传统文化符号能够融入影视、游戏、广告等多种现代媒介，从而扩大其影响范围。职业教育的这种推动作用，不仅使传统文化在现代化进程中保持活力，也丰富了文化创新的内涵。

2. 职业教育推动跨文化融合中的创新实践

职业教育在跨文化交流与融合中，为文化创新提供了实验性实践平台。在全球化背景下，文化交互与融合日益频繁，职业教育通过培养具有国际化视野和跨文化沟通能力的专业人才，推动不同文化元素之间的创新性重组。例如，在国际化的工艺美术课程中，学习者将中国传统纹样与外国现代设计元素相结合，创作出具有独特风格的产品。这种跨文化的探索，不仅拓展了传统文化的表现形式，也为其在国际市场中被传播和接受提供了可能性。同时，职业院校通过与国际文化组织或企业合作，为学习者提供海外实习或学习机会，使其能够亲身体验多元文化环境，并以此为灵感进行文化创新。这种实践既增强了文化间的理解，也催生了新的文化表达形式。

3. 职业教育促进文化创新产业链的构建

职业教育通过人才培养和产业服务，推动文化创新产业链的构建与完善。在职业院校中，学习者不仅学习创新设计和生产技术，还接受文化市场调研、品牌管理等商业技能的培训，能够从创意到生产再到市场推广，完整参与文化产品的生命周期。例如，在影视动漫、文创产品设计等领域，职业教育为学习者提供从概念创作到产品上市的全流程训练，使文化产品能够更高效地转化为产业成果。此外，职业院校通过与文化企业和技术研发机构深度合作，推动文化创意产业的生态构建，为地方经济和文化创新注入活力。这种产业链的构建，使职业教育成为文化创新的重要推动力，将创意与市场需求有效对接，实现文化价值与经济效益的双赢。

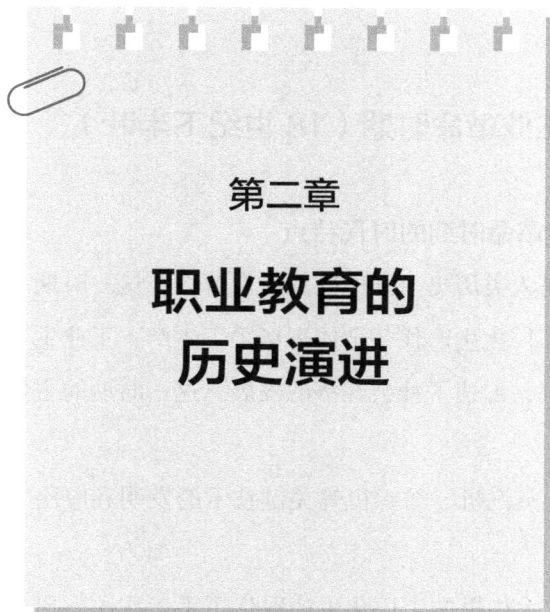

第二章

# 职业教育的
# 历史演进

# 第一节 职业教育的起源与发展

## 一、起源：工业革命时期（18 世纪下半叶）

### （一）工业革命时期的时代特点

工业革命是人类历史上的一次重大变革。在这一时期，以机器代替人力，以大规模工厂化生产代替个体工场手工生产，工业生产的社会化大大提高了生产效率，加速了社会经济的发展。这一时期的主要特点包括以下四点。

技术革新：蒸汽机、纺织机等关键技术的发明和应用，极大地提高了生产效率。

工厂制度：大规模的工厂化生产取代了手工作坊，形成了现代工业生产的基本模式。

社会结构变化：工业革命导致了社会结构的重大变化，工人阶级逐渐成为社会的重要力量。

城市化进程：随着工业的发展，人口从农村向城市迁移，城市化进程加速。

### （二）工业革命时期的职业教育

工业革命时期，随着新技术、新工艺的不断出现，对劳动者的素质提出了新的要求。为此，职业教育开始得到重视，其主要形式包括以下三种。

学徒制：传统的学徒制在工业革命时期得到了进一步的发展，许多行业都建立了系统的学徒培训体系。

技术学校：为满足工业生产对技术人才的需求，各种技术学校和夜校应运而生，提供机械、化工、建筑等专业技术教育。

工人阶级自我教育：工人阶级为了提高自身的素质和地位，自发组织起来进行学习，如工人俱乐部、工人学校等。

工业革命时期的职业教育为适应工业化社会的需求，培养了大量具备一定技能的劳动者，对推动社会经济的发展起到了重要作用。

# 二、发展：技术革新与终身教育（20世纪上半叶）

## （一）技术革新与终身教育时期的时代特点

20世纪上半叶，全球经历了两次世界大战和经济大萧条，但也迎来了科技的飞速发展和工业化的深入。这一时期的特点包括以下四点。

技术革新：电力、石油、化学等新能源和新材料的使用，推动了第二次工业革命，带来了生产方式和生活方式的根本变化。

全球化：随着交通工具和通信技术的发展，全球化趋势开始形成，各国之间的经济、文化、技术交流日益频繁。

社会变革：对女性权益、工人权益的争取，带来了社会结构和价值观的变革。

教育普及：随着义务教育的试行和高等教育的发展，人们的文化水平和知识需求不断提高。

## （二）技术革新与终身教育时期的职业教育

在这一时期，职业教育得到了进一步的发展，终身教育的理念开始形成。其主要形式包括以下三种。

职业教育体系化：职业教育开始形成体系，从初级职业教育到中级、高级职业教育，形成了层次分明、互相衔接的教育体系。

职业培训：为适应新技术、新工艺的需求，各种职业培训课程应运而生，提供了灵活、实用的培训服务。

终身教育：随着社会变革和科技发展，终身教育的理念开始得到认同，人们认识到学习是一个终身的过程，职业教育也需要不断更新和提升。

技术革新与终身教育时期的职业教育，为适应现代社会的发展需求，提供了灵活、实用的教育服务，为提高人们的生活质量和适应能力起到了重要作用。

# 三、进一步发展：系统化与规范化（20 世纪下半叶）

## （一）系统化与规范化时期的时代特点

20 世纪下半叶，全球经历了冷战的紧张氛围，但也迎来了科技的飞速发展和全球化的加速。这一时期的特点包括以下四点。

信息技术革命：计算机、互联网等信息技术的出现和普及，极大地改变了人们的生产方式和生活方式。

全球化：随着交通工具和通信技术的发展，全球化趋势加速，各国之间的经济、文化、技术交流日益频繁。

教育改革：为了适应社会和经济的发展需求，各国纷纷进行教育改革，提高教育质量和普及率。

职业教育的地位提升：随着社会对技能人才的需求增加，职业教育的地位逐渐提升，得到了更多的重视和支持。

## （二）系统化与规范化时期的职业教育

在这一时期，职业教育得到了进一步的发展，呈现出系统化和规范化的特点。其主要形式包括以下四种。

职业教育法规的制定：许多国家制定了职业教育相关的法规和政策，明确了职业教育的地位和作用，提供了法律保障。

职业教育体系的完善：职业教育体系得到了完善，从初级职业教育到中级、高级职业教育，形成了层次分明、互相衔接的教育体系。

职业教育的规范化：职业教育的教学内容、教学方法、评估体系等得到了规范，提高了职业教育的质量和信誉。

终身教育的推广：终身教育的理念得到了广泛认同，职业教育也逐步实现与终身教育的有机结合，为人们提供持续学习和提升的机会。

系统化与规范化时期的职业教育，为适应现代社会的发展需求，提供了高质量、规范化的教育服务，为提高人们的生活质量和适应能力起到了重要作用。同时，职业教育也为推动社会和经济的发展培养了大量具备专业技能的人才。

# 四、当代发展：数字化与全球化（21世纪初至今）

## （一）数字化与全球化时期的时代特点

21世纪初至今，我们生活在一个数字化和全球化高度发展的时代。这一时期的特点包括以下四点。

数字化时代：互联网、移动通信、社交媒体等技术飞速发展，使得信息传播更加迅速，人们的生活方式和工作方式发生了巨大变化。

全球化加速：全球贸易、投资、文化交流等活动更加频繁，各国之间的依赖程度不断加深。

新兴产业的崛起：以互联网、人工智能、生物技术等为代表的新兴产业迅速崛起，成为经济增长的新动力。

社会变革：数字化和全球化的发展带来了新的社会问题，如网络安全、数据隐私保护等，需要人们重新审视和应对。

### （二）数字化与全球化时期的职业教育

在这一时期，职业教育也面临着数字化和全球化的挑战与机遇。其主要形式包括以下四种。

数字化教育资源的共享：互联网的普及使优质的教育资源得以共享，线上教育平台和课程为人们提供了更多学习的机会和选择。

虚拟现实（Virtual Reality，VR）和增强现实（Augmented Reality，AR）技术的应用：虚拟现实和增强现实技术在职业教育领域的应用，为学习者提供了更加直观的互动学习体验。

国际化职业教育合作：全球化的趋势促进了各国间职业教育合作，跨国职业教育项目和交流项目不断增加，为学习者提供了更多国际化的学习机会。

终身学习理念的深化：随着知识更新速度的加快，终身学习成为必要，职业教育也需要更加注重学习者的持续发展和能力提升。

数字化与全球化时期的职业教育，为适应现代社会的发展需求，提供了更加灵活、多样的教育服务。通过不断创新和改革，职业教育将为人们提供更多的学习机会，助力他们应对未来的挑战。

# 第二节 我国职业教育的现状

## 一、我国职业教育的规模与结构

职业教育作为我国教育体系的重要组成部分，近年来得到了迅速发展。其规模不断扩大，结构日益完善，为我国经济社会发展提供了有力的人力资源支撑。

### （一）职业教育学习者的数量与增长率

根据最新的统计数据，我国职业教育的学习者人数在过去几年中呈现稳步上升的趋势。这一现象反映出职业教育在我国教育体系中的地位日益重要，同时也表明越来越多的学习者选择接受职业教育以满足社会和市场的需求。教育部 2022 年教育统计数据显示，我国职业本科在校生数 22.87 万人，职业专科在校生数 1670.90 万人，中等职业教育在校生数 1339.29 万人。近年来，职业教育学习者增长率保持在每年 5% 左右，显示出职业教育在我国教育体系中的重要地位。

### （二）职业教育学校的种类与分布

我国职业教育学校包括中等职业学校、高等职业学校、职业培训机构等。教育部 2022 年教育统计数据显示，全国共有本科层次职业学校 32 所，高职（专科）院校 1489 所，中等职业学校 7201 所，其他中职机构 269 所。职业教育学校分布广泛，覆盖了全国各地，为不同地区的学习者提供了丰富的学习选择。

### （三）职业教育专业的设置与市场需求

职业教育的专业设置紧密结合市场需求，为各行各业培养了大量技能型人才。目前，我国职业教育专业体系涵盖了制造业、服务业、农业、信息技术等多个领域。据统计，截至 2023 年，全国职业教育专业设置数量已接近 1400 个，基本涵盖了我国经济社会发展的各个领域。

为适应市场需求，职业教育专业设置不断调整优化，新兴专业如人工智能、大数据、绿色能源等逐渐增多。同时，职业教育学校与企业紧密合作，开展"产学研"结合，确保人才培养与市场需求的紧密对接。

总之，我国职业教育规模不断扩大，结构日益完善，为我国经济社会发展提供了有力的人力资源支撑。在未来，我国将继续加大职业教育投入，推动职业教育高质量发展，为全面建设社会主义现代化国家贡献力量。

## 二、我国职业教育的政策与法规

职业教育作为我国教育体系的重要组成部分，其发展受到国家政策与法规的有力保障。我国职业教育相关政策与法规的制定和实施，经历了漫长的过程，逐步完善，为职业教育的发展提供了坚实的制度基础。

### （一）职业教育相关政策的演变

我国职业教育相关政策始于 20 世纪 50 年代，经历了从无到有、从粗放到精细的过程。改革开放以来，我国职业教育政策逐步完善，开始注重

市场需求、质量保障和制度创新。特别是近年来，我国政府对职业教育的
发展给予了高度重视，出台了一系列政策措施，推动了职业教育的快速发展。

### （二）当前职业教育的主要政策与法规

当前，我国职业教育的主要政策与法规包括《中华人民共和国职业教
育法》《国家职业教育改革实施方案》《关于推动现代职业教育高质量发展
的意见》《关于深化现代职业教育体系建设改革的意见》等。这些政策与
法规，对职业教育的管理体制、办学机制、质量保障、教师队伍建设等方
面都提出了明确的要求，为职业教育的发展提供了法制保障。

### （三）政策与法规对职业教育的影响

政策与法规的制定和实施，对我国职业教育的发展产生了深远的影
响。首先，政策与法规为职业教育的发展提供了法制保障，使得职业教育
在管理体系、办学机制等方面更加规范、科学。其次，政策与法规推动了
职业教育的改革与创新，使得职业教育能够更好地适应市场需求，提高人
才培养质量。再次，政策与法规引导职业教育向着现代化、国际化的方向
发展，提升了我国职业教育的国际竞争力。

总之，我国职业教育相关政策与法规的制定和实施，为职业教育的发
展提供了坚实的制度基础。在未来的发展中，我们应继续加大对职业教育
政策与法规的研究与实施力度，推动职业教育高质量发展，为我国经济社
会发展贡献力量。

## 三、我国职业教育的教学质量

职业教育作为我国教育体系的重要组成部分，其教学质量直接关系到人才培养的质量和社会经济发展的需求。近年来，我国职业教育教学质量得到了显著提升，这主要体现在课程内容的更新与完善、教学方法的创新与实践以及质量保障与评估体系的建立和完善。

### （一）职业教育课程内容的更新与完善

随着科技快速发展和产业不断升级，职业教育课程内容也在不断更新和完善。一方面，职业教育课程越来越注重与产业对接，强化了实践性和应用性，增加了与产业发展紧密相关的专业和课程；另一方面，职业教育课程也注重对学习者综合素质的培养，强化了对职业道德、团队合作、创新思维等方面的教育。这些举措，使得职业教育课程内容更加贴近市场需求，提高了学习者的就业和创业能力。

### （二）职业教育教学方法的创新与实践

在教学方法上，我国职业教育也在不断进行创新和实践。一方面，职业教育学校积极引入现代教育技术，如在线教育、虚拟仿真等，提高了教学的互动性和趣味性；另一方面，职业教育学校也注重对学习者实践操作能力的培养，强化了实验、实训、实习等环节的教学。这些创新的教学方法，使职业教育进一步提高了教学质量。

### （三）职业教育质量保障与评估体系的建立和完善

为了保障职业教育的教学质量，我国职业教育建立了完善的质量保障与评估体系。一方面，职业教育学校建立了内部的质量保障机制，如教学质量监控、教学评估等，确保了教学的质量和效果；另一方面，我国政府也建立了外部的质量评估体系，如教育部的评估、专业的认证等，对职业教育的质量进行了严格的评估和监督。这些质量保障和评估体系，使职业教育教学质量得到了有效的保障和提升。

　　总的来说，我国职业教育教学质量的提升，是多方面因素共同作用的结果。在未来，我们应继续加大对职业教育的投入和支持，推动职业教育高质量发展，为我国经济社会发展提供更好的人力资源支撑。

## 四、我国职业教育的师资队伍

　　师资队伍是职业教育发展的重要基石，其数量与结构、培训与专业发展、稳定性与流动性三个因素直接影响着职业教育的质量。

### （一）职业教育师资队伍的数量与结构

　　近年来，我国职业教育师资队伍的数量逐年增加，但与普通教育相比，职业教育的师生比例仍然较低。教育部 2022 年教育统计数据显示，全国高职（专科）院校专任教师为 61.95 万人，本科职业学校专任教师为 2.78 万人，中等职业学校专任教师为 71.83 万人。在结构上，职业教育师资队伍以中青年教师为主，具有硕士及以上学历的教师比例逐年提高，但高技能、高水平的"双师型"教师仍相对短缺。

### （二）师资队伍的培训与专业发展

　　为提高职业教育师资队伍的质量，我国政府高度重视师资队伍培训与专业发展。一方面，实施职业教育教师素质提高计划，加强教师培训，提高教师的教育教学能力和专业技能；另一方面，推动职业教育教师进行企业实践，鼓励教师到企业一线锻炼，增强教师的实践经验。此外，还支持职业教育教师攻读博士学位，提升教师的研究能力。这些举措有助于提高职业教育师资队伍的整体素质和教学能力。

### （三）师资队伍的稳定性与流动性

职业教育师资队伍的稳定性和流动性是影响教学质量的重要因素。为提高师资队伍的稳定性，我国政府采取了一系列措施，如提高教师待遇、完善教师职称评定制度等。然而，由于多种原因，职业教育师资队伍的流动性仍然较大，这对教学质量造成了一定的影响。因此，未来需要进一步研究如何平衡师资队伍的稳定性与流动性，以保障职业教育的教学质量。

总之，我国职业教育师资队伍在数量和结构上仍有待优化，师资队伍培训和专业发展还需加强。

## 五、我国职业教育的社会认可度与影响力

职业教育作为我国教育体系的重要组成部分，其社会认可度和影响力近年来逐渐提升。这主要体现在社会对职业教育的认知与态度、职业教育对经济发展的贡献和职业教育在国际合作与交流中的作用三个方面。

### （一）社会对职业教育的认知与态度

随着经济社会的发展，社会对职业教育的认知和态度发生了积极的变

化，越来越多的人认识到职业教育在培养高素质技能人才、促进就业和创业等方面的重要作用。同时，职业教育也得到了国家政策的大力支持，如《中华人民共和国职业教育法》等政策文件，为职业教育的发展提供了有力的保障。这些因素共同推动了社会对职业教育的认可度不断提高。

### （二）职业教育对经济发展的贡献

职业教育在促进我国经济发展方面发挥了重要作用。通过培养高素质的技能人才，职业教育为我国各行各业提供了有力的人力资源支撑。此外，职业教育还积极参与产教融合、校企合作，推动产业升级和技术创新。据统计，职业教育毕业生就业率保持在较高水平，为我国就业市场稳定做出了积极贡献。这些成果使职业教育在社会中的地位和影响力日益提高。

### （三）职业教育在国际合作与交流中的作用

我国职业教育在国际合作与交流中发挥着重要作用。通过与其他国家开展职业教育交流与合作，我国职业教育引进了先进的教育理念、教学方法和优质资源，提升了自身的发展水平。同时，我国职业教育也积极参与国际事务，如世界职业技术教育发展大会、各种国际职业教育联盟等，为全球职业教育的发展贡献了中国智慧和中国方案。这些国际合作与交流活动，使我国职业教育在国际舞台上的影响力不断拓展。

总之，我国职业教育在社会认可度和影响力方面取得了显著成果。在未来，我们应继续加大对职业教育的支持力度，推动职业教育高质量发展，为我国经济社会发展做出更大的贡献。同时，职业教育还需加强国际合作与交流，提升国际影响力，为全球职业教育的发展贡献中国力量。

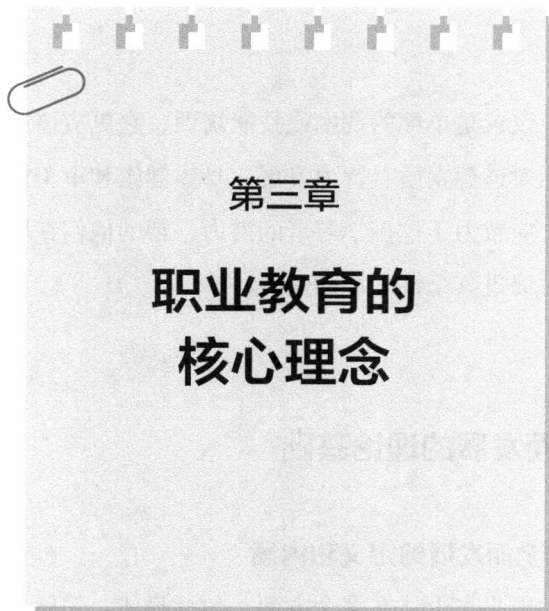

第三章

# 职业教育的
# 核心理念

# 第一节 人的全面发展与职业教育

职业教育不仅仅是单纯的技术或技能培训，它更应该关注学习者的全面发展。这包括对道德素质、智力发展、身体健康和审美情感等多方面的培养。职业教育应致力于挖掘学习者的潜力，帮助他们在职业生涯中实现自我价值，同时促进其个性的全面发展。

## 一、人的全面发展的理论基础

### （一）人的全面发展的定义和内涵

人的全面发展是指个体在多个方面，包括身体、情感、智力、社交和道德等，都得到平衡且充分的发展。这一概念最早可追溯到古希腊哲学家亚里士多德的"和谐论"，而后经过多个时代的发展以及哲学家的阐述，形成了现代意义上对人的全面发展的理解。

在现代社会，人的全面发展的内涵通常包括以下六个方面。

1. 身体健康

身体健康是一个人幸福和成功的基石。它不仅关系到个体的生理功能，也影响着个体的心理状态和社会功能。当我们谈论身体健康时，我们指的是个体在身体结构、功能和体能上达到良好的状态。这种状态不仅仅意味着没有疾病或不适，而是一个人能够适应日常生活的需要和一定的体育锻炼。心理健康也不容忽视，压力管理和情绪调节的能力对身体健康有着重要的影响。通过对心理健康的维护，个体能够更好地应对生活中的挑战和压力，从而保持身体和心理的双重健康。总的来说，身体健康是一个复杂的概念，它涉及生活的许多方面。通过积极的生活方式和健康的生活习惯，个体可以实现并维持身体健康，从而享受更充实、更幸福的生活。

2. 情感发展

情感发展是人在成长过程中非常重要的一部分，它涉及个体的情感智力、情绪调节能力、同理心和社交能力，这些能力对于建立健康的人际关系和实现个人的全面发展都具有至关重要的作用。情感智力是指个体理解自己和他人的情绪，并用这些情绪信息来指导思考和行为的能力。情绪调节能力是指个体控制和调整自己的情绪反应的能力。情绪调节能力包括情绪识别、情绪表达、情绪调节策略等。同理心是指个体理解和感受他人情绪的能力。社交能力是指个体在社交场合中与他人有效沟通和互动的能力。社交能力包括沟通技巧、人际交往、团队合作等。

3. 智力发展

智力发展指个体在认知能力方面的成长和提升，这包括逻辑推理、批判性思维、问题解决能力和终身学习能力等多个方面。认知能力是一个人处理信息、理解世界和进行决策的基础，对于个人成长和社会发展都有着重要的影响。逻辑推理是智力发展的重要组成部分，它指的是个体运用逻辑规则和原则，进行有效推理和论证的能力。批判性思维是指个体能够对信息和观点进行独立的分析和评价，不盲从、不偏信。问题解决能力是指个体在面对未知和挑战时，能够运用已有的知识和经验，找到有效的解决方案的能力。终身学习能力是指个体在面对不断变化的世界时，能够持续学习和成长的能力。终身学习能力使人能够不断适应新的环境和挑战，对于提高个人的竞争力和创新能力有着重要的作用。

4. 社交发展

社交发展指个体在社会环境中的适应能力、沟通能力、领导力和团队合作能力等方面的成长和提升。适应能力是指个体在社会环境中调整自己的行为和思维，以适应不同情境和人际关系的能力。沟通能力是指个体运用语言和非语言的方式，有效地表达自己的思想、情感和需求，并理解他人的能力。领导力是指个体影响和引导他人，推动团队向既定目标前进的能力。团队合作能力是指个体在团队中与他人协作，共同完成任务和实现目标的能力。

5. 道德发展

道德发展是人在成长过程中非常重要的一部分，它涉及个体的道德观念、价值观和伦理标准，这些是指导个体行为和决策的重要依据。道德观念是人们对善恶、对错的认知和理解，是道德发展的基础。价值观是人们对价值的认知和评价，是道德发展的核心。具有积极、健康价值观的个体，更容易做出符合社会伦理和法律规范的决策。伦理标准是社会对个体行为的要求和规范，是道德发展的具体体现。

6. 审美和创造力发展

审美和创造力发展是个体在艺术和文化领域的重要成长过程，它涉及个体对美的感知、理解和创造，是个体艺术表达和文化素养的提升。艺术表达是审美和创造力发展的具体体现，它是指个体通过艺术形式表达自己的情感、思想和创造力。艺术表达包括绘画、音乐、舞蹈、戏剧等多种形式，它能够帮助个体表达内心的世界，培养自我认知和情感表达能力。通过艺术表达，个体能够更好地与他人沟通和交流，增进人际关系和社会交往能力。

综上所述，人的全面发展不仅是个人成长的目标，也是教育和社会发展的目标。它强调个体在不同领域的平衡发展，使个体能够充分实现其潜能，并在社会中发挥积极性和建设性的作用。为了促进人的全面发展，需要社会各界的共同努力，包括家庭、学校、社会和政府，共同提供适宜的环境和资源，创造条件让每个人都能得到充分的发展。

### （二）人的全面发展的重要性和意义

全面发展的人具备良好的思想道德素质、科学文化素质、身体健康素质和艺术素养，这使得他们能够更好地适应社会，与他人建立和谐的关系，促进社会的稳定与和谐发展。因此，社会应该重视个体的全面发展，提供良好的教育环境和机会，促进个体的全面发展，从而为社会的发展做出更大的贡献。

1. 提高个体综合素质

提高个体综合素质是一个持续且综合的过程，它涉及个体在思想道德、科学文化、身体健康和艺术素养等各个方面的全面提升。这种全面发展不仅有助于个体形成健全的人格，而且对其在社会中的全面发展具有重要意义。

2. 促进社会和谐

个体综合素质的提高对于社会和谐发展具有重要意义。全面发展的人具备良好的思想道德素质、科学文化素质、身体健康素质和艺术素养，这使得他们在社会中能够更好地适应环境，与他人建立和谐的关系，从而促进社会的稳定与和谐发展。

3. 增强国家竞争力

在当今世界，国家之间的竞争日益激烈，而这种竞争的核心在于人才的竞争。一个国家的人民如果能够实现全面发展，不仅能够提高整个国家的创新能力和竞争力，还能够为国家的发展做出更大的贡献。因此，增强国家竞争力的重要途径之一就是注重人民的全面发展。

4.实现可持续发展

可持续发展已成为全球共识，可持续发展强调的是在满足当前需求的同时，不损害后代满足自身需求的能力。对个体可持续发展能力的培养，是实现可持续发展的重要环节。全面发展注重个体可持续发展的能力，使个体能够在不断变化的社会环境中持续成长和进步。

5.提高生活质量

在快节奏的现代社会，提高生活质量已成为人们追求的目标之一。全面发展作为一种提升个体综合素质的途径，对于提高生活质量具有重要意义。全面发展有助于提高个体的生活质量，使个体能够更好地享受生活，实现人生价值。

6.促进人的自我实现

人的自我实现是指个体在精神、智力、情感等方面的发展达到尽可能高的水平，实现自己的理想和潜能。全面发展作为一种提升个体综合素质的途径，为个体提供了更多的机会和可能性，有助于个体实现自我价值和潜能。

# 二、职业教育对人的全面发展的促进作用

## （一）提升职业技能

在当今快速发展的社会中，职业技能提升已成为个人职业发展的关键。随着科技进步和行业变化，对职业技能的要求也在不断更新和变化。因此，通过职业教育来提升职业技能变得尤为重要。

1.资格证书或学位

职业教育能够帮助学习者获得与就业相关的资格证书或学位。这些证

书和学位不仅是学习者掌握专业知识和技能的证明，也是求职时的重要资本。在招聘过程中，雇主往往会优先考虑拥有相关证书和学位的求职者，因为这些证书和学位意味着求职者具备一定的专业能力和素质。获得这些证书和学位，使学习者能够在求职过程中脱颖而出，增加就业机会。

2. 实际操作和实习经验

职业教育注重实践性和应用性，学习者通过实际操作和实习经验，能够掌握实际工作中所需的技能和经验。这些实践经验和技能对于求职者来说非常重要，因为雇主在招聘时往往会寻找具备实际工作经验的员工。通过职业教育，学习者能够在实际工作中快速适应，提高工作效率，从而增加就业机会。

3. 行业的最新动态和趋势

通过职业教育，学习者可以了解行业的最新动态和趋势，掌握先进的技术和工具，以及学习实际的工作经验和技巧。这些知识和技能学习不仅能够提高学习者在职场上的竞争力，还能够增加其就业机会和职业发展的可能性。

4. 职业素养和职业态度

通过职业教育的培养，学习者能够理解职业道德和职业规范，培养良好的职业习惯和工作态度，提高其职业形象和职业信誉。

职业教育作为一种有针对性和实用性强的教育形式，通过提供专业的技能培训和知识学习，能够有效提升个体的就业能力。

## （二）支持终身学习

职业教育作为一种旨在提升个人职业技能和知识水平的教育形式，其核心就是倡导和实施终身学习的理念。

1. 持续的学习过程

随着经济发展和科技进步，工作环境和技能需求都在不断变化。例如，传统的制造业可能因为自动化和人工智能技术的发展而面临转型；互联网、大数据、人工智能等新兴领域，则对人才提出了全新的技能要求。因此，职业教育不仅仅是提供一次性的培训，更是一种持续的学习过程，鼓励学习者不断更新知识和技能，以适应新的工作环境和挑战。

2. 终身学习的理念

通过不断学习，个人可以不断提升自身的综合素质，增强自我更新和自我完善的能力。这种自我驱动、自我激励的学习态度和能力，对于个人的心理健康、生活质量以及社会适应能力都有着积极的影响。

3. 多种学习方式和路径

职业教育作为一种开放、灵活的教育形式，为终身学习提供了有效的支持和保障。如在线课程、短期培训、学历教育等，满足了不同学习者的需求。

## （三）培养社交和协作技能

职业教育作为一种注重实践和应用的教育形式，通过实践项目和团队合作等方式，为学习者提供了培养社交和协作技能的良好机会。

1. 发展良好的沟通和协作能力

职业教育中的实践项目要求学习者将所学的理论知识应用到实际工作中，与他人共同完成项目任务。在这个过程中，学习者需要与团队成员进行有效沟通，明确各自的角色和职责，协调工作进度，解决冲突和问题。职业教育中的团队合作是一种模拟职场环境的学习方式。在团队合作中，学习者需要学会倾听他人的意见和观点，尊重他人的差异，发挥团队中每个成员的优势，共同完成任务。

## 2. 帮助学习者建立职业网络

在学习过程中，学习者与同行交流和合作，可以结识新的朋友，拓展人脉资源，为将来的职业发展打下良好的基础。通过与他人互动和合作，学习者能够更好地了解社会和职场，提高自己的社交能力和适应能力。

### （四）培养创新思维和问题解决能力

职业教育不仅仅是传授知识，更重要的是培养学习者解决问题的能力和创新思维，这对于适应复杂的工作环境和应对挑战非常重要。

#### 1. 注重实践和应用

职业教育不仅仅是传授知识，更注重培养学习者解决问题的能力。传统的教育模式往往是以知识传授为主，而职业教育则更注重实践和应用，通过案例分析、实际操作等方式，让学习者将所学的理论知识应用到实际工作中，从而培养他们解决问题的能力。

#### 2. 注重创新思维

职业教育通过各种方式，如项目设计、创新竞赛等，激发学习者的创新潜能，培养他们的创新思维。这种创新思维不仅有助于学习者在职场中脱颖而出，也有助于他们实现个人职业的发展。

#### 3. 培养批判性思维

在职场中，面对复杂的问题和挑战，学习者需要具备批判性思维，能够独立思考，分析问题的本质，找出解决问题的关键。职业教育通过各种教学活动，如小组讨论、案例分析等，培养学习者的批判性思维，提高他们分析问题和解决问题的能力。

### （五）增强自我认知和职业规划

职业教育可以帮助学习者更好地了解自己的兴趣和优势，从而做出更明智的职业选择，规划好自己的职业道路。

1. 了解兴趣所在

职业教育通过实践项目和实际操作等方式，让学习者接触到不同的工作领域和专业领域，帮助他们了解自己的兴趣所在。通过实践体验，学习者可以发现自己对某些领域的热情和兴趣，从而更有针对性地选择职业方向。

2. 了解优势和潜力

在职业教育的过程中，学习者通过实践和挑战，发现自己的优势和潜力，认识到自己在哪些方面能够发挥最大的价值。这种自我认知有助于学习者选择与自己优势相匹配的职业，从而在职场上取得更好的发展。

3. 提供职业规划的指导和支持

职业教育机构通常会提供职业规划的指导服务，帮助学习者分析市场需求，了解不同职业的发展前景，制订切实可行的职业发展计划。

# 三、职业教育是促进人的全面发展的实践途径

## （一）职业教育课程体系的构建

在职业教育课程体系的具体构建过程中，学校和教育机构可以与行业企业、政府部门等多方合作，共同制定人才培养方案，确保课程体系的前瞻性和实用性。同时，要关注课程体系的动态调整，根据社会发展和市场需求，不断优化课程设置，为学习者提供优质的教育资源。职业教育课程体系的构建应遵循以下原则。

1. 需求导向

课程体系应紧密结合社会需求，以市场需求为导向，关注行业发展和

人才需求，确保毕业生具备就业竞争力。

2. 实践为主

职业教育在培养学习者的实践能力方面扮演着重要角色。为了确保学习者能够将理论知识与实际操作相结合，课程设置应当包含充足的实践环节，如实验、实习、实训等。这样的课程设计有助于学习者在实际操作中更好地掌握专业技能，为将来的职业生涯打下坚实的基础。

3. 模块化设计

模块化设计在职业教育中起着重要的作用。通过将课程体系分为基础课程、专业课程和选修课程三个层次，职业教育为学习者提供了更多的选择，使他们能够根据自己的兴趣和职业规划选择课程。

4. 终身学习理念

在当今这个知识更新迅速、社会发展日新月异的时代，终身学习已经成为一种基本的人生态度和生活方式。因此，课程体系应当注重培养学习者的终身学习能力，让他们在面对不断变化的世界时，能够不断更新知识和技能，适应社会发展的需求。

5. 跨学科融合

在当今社会，许多问题和挑战都是复杂且多维度的，需要综合运用不同领域的知识和技能才能有效解决。因此，职业教育课程体系应当注重跨学科融合，开设一些综合性的课程，培养学习者跨领域的工作能力和创新能力。

6. 国际化视野

在当今全球化的背景下，拥有国际化视野的人才越来越受到重视。因此，结合我国国情，课程体系可适当引入国际先进的教育资源和技术，拓宽学习者的国际视野，提高其在国际竞争中的地位。

7. 软技能培养

职业教育在培养学习者专业技能的同时，也应将对软技能的培养纳入重要日程。软技能，如沟通能力、团队协作能力、领导力等，对于学习者在职场中的表现和综合素质的提升至关重要。

8. 评价体系完善

在教育活动中，评价体系起着至关重要的作用。它不仅影响学习者的学习动机和态度，还关系到教育目标的实现和教育质量的提升。因此，建立科学、合理的评价体系，关注学习者的过程评价，充分体现学习者的实际能力和成长潜力，是教育改革中不可忽视的一环。

### （二）职业教育教学模式的创新

职业教育教学模式的创新是提高职业教育质量的关键。在当前快速发展的社会背景下，职业教育教学模式需要不断创新，以适应社会需求和培养高素质的技能型人才。

1. 引入项目式学习

项目式学习是一种以完成实际项目为主的教学方式，它能够将理论知识与实践技能相结合，提高学习者的综合能力。在职业教育中，可以通过与企业合作，让学习者参与到真实或模拟的项目中，提高他们的实践能力和解决问题的能力。

2. 利用信息技术

信息技术在职业教育中的应用可以极大地提高教学效率和学习者的学习体验。例如，利用在线学习平台、虚拟现实技术、人工智能辅助教学等，可以提供更加个性化和灵活的学习方式。

3. 强化实践教学

实践教学是职业教育的重要组成部分。在职业教育中，强化实践教学可以让学习者在实际操作中掌握专业技能，提高他们的动手能力和实际工作能力。

4. 推行案例教学

案例教学是一种以实际案例为依据的教学方法，它能够提高学习者分析和解决问题的能力。在职业教育中，推行案例教学具有重要意义。通过案例教学，学习者可以将理论知识与实际工作相结合，提高自己分析和解决问题的能力。

5. 注重学习者的个性化培养

职业教育应该关注学习者的个性化需求，提供多样化的学习路径和课程选择，让学习者能够根据自己的兴趣和职业规划进行学习。这将有助于培养更多具有创新精神和实践能力的优秀人才，为社会发展注入新的活力。

6. 强化职业素养教育

职业教育的目标不仅仅是传授专业技能，更重要的是培养学习者的职业素养。职业素养是指学习者在职业活动中所具备的基本素质，包括职业道德、团队合作、沟通能力等。这些软技能对于学习者未来的职业发展至关重要。

7. 加强校企合作

作为一种特殊的教育形式，职业教育旨在为学习者提供直接适用于职场所需的知识和技能。为了更好地实现这一目标，加强校企合作显得尤为重要。校企合作不仅能够帮助学校更好地了解企业的人才需求，还能共同制定培养方案，以确保学习者的技能和知识能够满足企业的实际需求。

8. 实施持续的评价和反馈机制

职业教育作为一种注重实践和应用的教育形式，其最终目标是培养学习者具备适应社会需求的知识和技能。为了实现这一目标，实施持续的评价和反馈机制显得尤为重要。这种机制可以帮助教师关注学习者的学习过程，及时调整教学策略，以确保学习者能够有效地掌握知识和技能。

### （三）职业教育评价体系的改革

职业教育评价体系的改革是提升职业教育质量的重要环节。职业教育评价体系改革的主要方向和措施包括以下方面。

#### 1. 多元化评价主体

职业教育评价体系应包括学习者、教师、企业人员、行业专家等多方主体，以实现对培养学习者全面能力的客观评价。职业教育评价体系是衡量教育质量和学习者能力的重要工具。在传统的评价体系中，往往只注重学习者的考试成绩和教师的课堂教学效果，这样的评价方式难以全面反映学习者的综合能力和职业素养。因此，需要对职业教育评价体系进行改革，实现多元化评价主体，以更客观地评价学习者的全面能力。

#### 2. 过程性评价

过程性评价是职业教育中的一种重要的评价方式，它强调对学习者在学习过程中的表现进行全面评价，以了解学习者的学习进步和能力提升。与传统的终结性评价不同，过程性评价不仅仅关注学习者的最终成绩，而是更加注重学习者在学习过程中的努力和成长。

#### 3. 能力导向评价

能力导向评价是以学习者的能力发展为核心的评价体系，关注学习者在专业技能、创新能力、沟通协作能力和终身学习能力等方面的表现。这种评价体系旨在培养学习者的综合素质，使他们在未来的职业生涯中能够更好地适应社会的发展和变化。

#### 4. 引入信息技术

在职业教育评价体系中引入信息技术是利用人工智能、大数据等信息技术手段，收集和分析学习者的学习行为、学习成果和职业能力等方面的数据，提高评价的准确性和科学性。通过引入人工智能和大数据技术，职业教育评价可以更加全面、客观地反映学习者的学习成果和职业能力，为学习者的全面发展提供有力支持，提高职业教育的质量和效果。

5. 建立标准化评价指标

通过建立标准化评价指标，可以确保职业教育评价体系在不同学校、专业和年级之间具有可比性和一致性。这有助于提高评价的准确性和科学性，为学习者的全面发展提供有力支持，推动职业教育的质量和效果。

6. 强化评价结果的应用

强化评价结果的应用是职业教育评价体系的重要组成部分。将评价结果作为调整教学内容、改进教学方法、制定人才培养方案的重要依据，可以确保职业教育评价体系与人才培养目标相衔接，提高教育质量和效果。

7. 促进评价体系的持续改进

建立动态的评价体系调整机制，使评价体系能够根据社会需求、产业发展和职业教育实践的变化进行实时调整，是提高职业教育评价体系适应性的重要手段。

# 第二节 终身教育与职业教育

　　终身教育理念强调教育应贯穿人的一生，职业教育作为终身教育体系的重要组成部分，要注重培养学习者终身学习的能力。职业教育应突破传统教育的框架，提供灵活的学习时间和方式，以适应学习者在不同人生阶段的学习需求，使学习者能够在不断变化的社会和职业环境中持续成长。

## 一、终身教育的起源与发展

### （一）终身教育的概念

　　终身教育是一个涉及持续学习和发展的概念，它强调学习不应该仅限于传统的学校环境，而是一个持续的过程，贯穿个人的整个生命周期。终身教育的重要性在于它为个人提供了适应不断变化的世界所需的技能和知识。终身教育的重要性可以从以下三个方面来理解。

　　1. 适应性和灵活性

　　在快速变化的世界中，只有不断学习和适应，个人和企业才能保持竞争力。终身教育提供了一种框架，使人们能够持续地更新知识和技能，从而更好地应对新的挑战和抓住新的机遇。终身学习意味着不断探索新的学习领域（无论是通过正规教育还是自我教育），以提高能力并扩展视野。

　　2. 个人发展

　　终身教育是一种持续的学习过程，它不仅提供了个人成长和自我实现的重要途径，还能够帮助人们在快速变化的世界中保持竞争力。通过不断学习新技能和知识，个人可以拓宽自己的视野，提高自己的能力，实现自我价值。

3. 社会参与

终身教育促进公民的社会参与和民主参与，通过教育培养批判性思维和公民意识。终身教育为不同背景和年龄段的个人提供了学习的机会，这有助于促进社会的包容性和多样性。通过教育，人们可以更好地理解和尊重不同的文化和社会群体，减少偏见和歧视，建设一个更加和谐的社会。

## （二）终身教育的起源与发展

1. 终身教育的早期理念

在古代社会，终身教育的概念虽然不如现代那样明确，但教育和学习的重要性已经被许多文化和社会所认识。在古代中国、印度、希腊和伊斯兰世界，教育和学习是贵族和精英阶层的特权，而且通常与宗教教育紧密相关。

2. 终身教育的正式提出

法国成人教育家保罗·朗格朗（Paul Lengrand）在终身教育史上具有重要地位。他在 1965 年联合国教科文组织（UNESCO）召开的关于成人教育的会议上，正式提出了终身教育的思想。此后，终身教育理念逐渐得到国际社会的广泛认同和推崇，成为世界性的教育思潮和社会运动。

终身教育理念自提出以来，迅速在全球范围内得到普及和推广。许多国家将其纳入教育政策和规划，致力于建设学习型社会，提高国民素质和创新能力。

3. 终身教育的发展与实践

终身教育作为一种教育理念，已经被许多国家接受并付诸实践。不同国家和地区根据自身的国情、文化和社会发展需求，制定了相应的终身教育政策和发展规划。

欧盟：欧盟致力于建设一个"终身学习欧洲"，通过制定《终身学习核心素养：欧洲参考框架》等措施，推动成员国在终身教育领域的发展。各成员国根据欧盟的指导方针，制定本国的终身教育政策，如提高成人教育和职业培训的覆盖率、推动教育资源的共享、鼓励企业和个人投资于终身学习等。

美国：美国政府鼓励终身学习，并通过立法（如《成人教育法案》等）支持成人教育和职业培训。美国的教育体系较为灵活，社区学院和在线教育平台等为终身学习提供了丰富的资源。

日本：日本在终身教育方面的发展体现在对企业员工的教育和培训上，通过"企业内教育"等制度，促进员工的知识技能更新。同时，日本政府也重视对老年人、妇女等群体的教育。

中国：中国将终身教育作为国家发展的重要战略，政府出台了一系列政策措施，推动终身教育发展。中国致力于建设学习型社会，扩大终身教育的覆盖面，提高教育质量和效益。党的二十大报告指出："推进教育数字化，建设全民终身学习的学习型社会、学习型大国。"建设全民终身学习的学习型社会、学习型大国，已经是新时代我国加快推进教育现代化、加快建设教育强国的伟业之一。

## （三）终身教育的趋势

### 1. 政策支持

越来越多的国家将终身教育纳入国家教育政策和规划，制定相关法律法规，推动终身教育的发展。例如，欧盟发布的政策文件为成员国在终身教育领域的发展提供了指导和参考。该框架强调了终身学习的重要性，并提出了一系列目标和原则，以促进欧盟成员国在终身教育领域的合作与发展。韩国实施了《终身教育法》，明确了终身教育的概念和目标，并设立了一系列终身教育机构和项目，为公民提供终身学习的机会。日本则通过《终身学习振兴法》，规定了企业和政府在学习支援方面的责任和义务，以促进终身教育的发展。在我国，终身教育也被纳入国家教育规划和政策中。政府出台了一系列政策和措施，推动终身教育的发展。例如，2015年修订的《中华人民共和国教育法》第20条："促进不同类型学习成果的互认和衔接，推动全民终身学习。"这对构建终身教育体系，推动学习型社会的建设具有重要的指导作用。同时，我国还设立了一系列终身教育机构和项目，如成人高等教育、远程教育、社区教育等，为公民提供终身学习的机会。

2.学习型社会建设

终身教育理念推动了学习型社会建设。学习型社会建设不仅能够提高国民的素质、促进社会的进步，也能够更好地实现现代化建设的目标。在一个学习型社会中，人们的学习能力和创新能力强，能够更好地适应社会的发展和变化，也能够更好地应对各种挑战和困难。因此，建设学习型社会，是各国政府面临的重要任务之一。

3.教育技术和创新

随着互联网、人工智能等技术的快速发展，终身教育的方式和手段不断创新。在线教育、远程教育、移动学习等成为终身教育的重要形式，为学习者提供了更加灵活、便捷的学习途径。在互联网、人工智能等技术的支持下，终身教育将更好地服务于个人和社会，助力实现教育公平、促进社会进步和实现现代化建设。

4.教育资源共享

终身教育强调教育资源共享，各国积极推动教育资源的整合和优化配置，提高教育资源利用效率。例如，我国建立了国家教育资源公共服务平台，为全国范围内的学习者提供丰富的在线课程和学习资源。美国通过建立开放课件联盟（Open Course Ware Consortium，OCWC），将优质的教育资源免费提供给全球学习者。英国文化教育协会（British Council）通过国际教育合作项目，支持英国与全球其他国家教育机构之间的知识和资源共享，以提升全球教育质量。

5. 个性化学习

终身教育注重学习者的个性化需求，提倡因材施教。在终身教育的理念下，每个学习者都是独特的，他们有不同的学习背景、兴趣和需求。例如，大数据技术可以分析学习者的学习行为和学习成果，帮助他们发现自己的学习弱点和兴趣所在。基于这些数据，教育工作者可以有针对性地设计学习计划和教学活动，以提高学习效果。

6. 跨界融合

终身教育与职业教育、成人教育、继续教育等领域相互融合，形成跨界协同的教育格局。例如，通过建立一体化的教育服务平台，各类教育机构可以共享优质的教育资源，提高教育服务的效率和质量。通过制定更加灵活的教育政策和学分认证体系，鼓励学习者在不同教育领域之间进行选择和转换。

7. 国际合作

终身教育成为国际社会的共同关注，各国加强了在终身教育领域的交流与合作，共同探讨终身教育的发展策略和实施路径。

终身教育的发展趋势表现为政策支持、学习型社会建设、教育技术和创新、教育资源共享、个性化学习、跨界融合以及国际合作方面。这些趋势将为个人和社会的发展提供更加丰富、灵活和高效的教育支持。

# 二、终身教育与职业教育的联系与区别

终身教育与职业教育是两个相互关联但又有所区别的概念。它们之间的联系与区别主要体现在以下几个方面。

## （一）教育目标

### 1.终身教育的目标

终身教育强调的是学习过程的持续性和发展性。在终身教育的理念下，学习不再局限于传统的学校教育阶段，而是贯穿于一个人的整个生命过程。终身教育的目标是让学习者具备自我学习的能力，能够主动寻求和接受新的知识与技能，以适应不断变化的社会和工作环境。终身教育注重对学习者的自主性、批判性思维和创新能力的培养，帮助学习者建立终身学习的信念和习惯，使其能够在不同的生活阶段和职业领域中不断成长和进步。

### 2.职业教育的目标

职业教育通常针对特定的职业或行业，提供专业的技能培训和知识教育。其目标是帮助学习者掌握一定的职业技能，提高就业竞争力，或提升已在职场中的学习者的职业发展水平。职业教育的内容通常包括专业理论、实践操作和职业素养等方面，旨在让学习者能够满足职业工作的需求，适应职场的生活和挑战。

总的来说，终身教育的目标是培养学习者的终身学习能力，使其能够在整个生命周期中不断学习、适应和更新知识和技能。职业教育的目标则是提供特定的职业技能培训，帮助学习者就业或提升职业技能。两者在教育目标上有所区别，但都是为了实现学习者的个人发展和生涯规划，提高其生活质量和社会适应能力。在实际的教育实践中，终身教育和职业教育应相互融合、相互促进，共同构建起完善的教育体系，以满足不同学习者的需求和期望。

## （二）教育内容

### 1.终身教育的教育内容

在终身教育的框架下，基础教育是每个人都必须接受的教育，它为人们提供了基本的读、写、算能力，以及一些基础的科学和社会知识。成人教育则更注重成年人的生活需求和职业发展，它包括各种形式的培训和教育，如夜校、远程教育等。继续教育则更注重对已经在职场中工作的人进行专业知识和技能的培训，以帮助他们提升自己的职业能力。

### 2.职业教育的教育内容

职业教育则更专注于某一职业领域的技能和知识培训。它通常是由职业院校、培训机构和企业等提供的，其内容更加专业和实用。职业教育的目标是为了帮助学习者掌握一定的职业技能，提高就业竞争力，或提升已在职场中的学习者的职业发展水平。例如，工程技术教育就是为了让学习者掌握各种工程技术和工艺的知识和技能；医疗卫生教育则是为了让学习者掌握医疗卫生保健的知识和技能；教育专业方面的教育则是为了让学习者掌握教育理论和教育方法的知识和技能。

总的来说，终身教育是一个广泛的概念，它涵盖了从基础教育到成人教育、继续教育等多个领域。而职业教育则更专注于对某一职业领域的技能和知识培训。

## （三）教育方式

### 1.终身教育的教育方式

终身教育强调学习者的自主学习，这意味着学习者需要具备自我驱动和自我管理的能力。在学习过程中，学习者需要主动探索和获取知识，培养自己的学习兴趣和学习策略。为了实现这一目标，终身教育采用了多种学习方式，如在线教育、远程教育等。这些方式打破了传统教育的时空限制，使学习者能够根据自己的需求和时间安排进行学习。同时，社区学习也是一种重要的终身教育方式，它通过组织学习者进行交流和合作，促进学习者之间的知识共享和经验交流。

2. 职业教育的教育方式

职业教育则更多采用校企合作、实习实训、职业培训等模式，注重实践性和应用性。这些模式能够帮助学习者将理论知识与实际工作相结合，提高他们的职业技能和就业竞争力。在校企合作模式下，学校与企业建立合作关系，共同制定培养方案和教学内容，使学习者能够在学习过程中更好地了解行业需求和企业文化。实习实训则为学习者提供实际工作机会，使其能够在真实的工作环境中锻炼自己的职业技能。职业培训则针对已在职场中工作的人员，提供专业的技能培训和知识更新，帮助他们提升职业能力。

总的来说，终身教育与职业教育的教育方式各有特点，但都是为了实现学习者的个人发展和生涯规划。终身教育注重学习者的自主学习、终身学习和跨界学习，通过多种学习方式实现。职业教育则更多采用校企合作、实习实训、职业培训等模式，注重实践性和应用性。

## （四）教育对象

1. 终身教育的教育对象

终身教育强调全民教育和终身学习，这意味着所有年龄段的人都需要接受教育，并且需要在不同的生活阶段不断地学习和更新知识和技能。在现代社会，知识更新迅速，新技术和新理念不断涌现，终身学习成为一种基本的人生态度。终身教育的目标是通过教育，帮助人们实现自我完善和自我发展，提高生活质量和社会适应能力。

2. 职业教育的教育对象

职业教育则更多针对具有一定职业基础或希望从事特定职业的学习者。这些学习者通常已经有了明确的职业目标，他们需要通过职业教育来获取特定的职业技能和知识，以提高就业竞争力和职业发展潜力。职业教育的内容通常与特定的职业或行业相关，它通过提供专业的技能培训和知识教育，帮助学习者掌握从事特定职业所需的专业技能和知识。

总的来说，终身教育适用于所有年龄段的学习者，强调全民教育和终身学习。职业教育则更多针对具有一定职业基础或希望从事特定职业的学习者，注重职业发展和就业。两者在教育对象上有所区别，但都是为了实现学习者的个人发展和生涯规划，提高其生活质量和社会适应能力。

### （五）教育效果

1. 终身教育的教育效果

终身教育强调对学习者综合素质的提升，这意味着教育不仅仅是传授知识，更重要的是培养学习者的思维能力、创新能力、沟通能力和团队合作能力等。终身教育旨在帮助学习者建立终身学习的理念，培养他们自我驱动和自我管理的学习能力，使他们能够在不同的生活阶段和职业领域中不断学习和适应。终身教育的目标是提升学习者的综合素质，使他们成为全面发展和具有终身学习能力的人才。

2. 职业教育的教育效果

职业教育更注重学习者获得具体的职业技能和就业能力。职业教育强调实践性和应用性，通过校企合作、实习实训等方式，使学习者能够在实际工作环境中锻炼自己的职业技能，提高就业竞争力和职业发展潜力。职业教育的目标是满足社会和企业的需求，培养学习者的职业技能和就业能力。

　　总而言之，终身教育和职业教育在教育目标、内容、方式、对象和效果上有所区别，但它们之间存在密切联系。终身教育为职业教育提供了更广阔的学习背景和平台，而职业教育则是终身教育体系中的一个重要组成部分，有助于学习者实现终身学习和职业发展。两者共同构成了现代教育体系，为个人和社会的发展提供支持。

## 三、终身教育与职业教育的相互作用

### （一）终身教育对职业教育的影响

终身教育对职业教育有着深远的影响，具体体现在以下几个方面。

1. 理念上的影响

终身教育的理念对职业教育产生了深远的影响。在传统上，职业教育被视为一种简单的就业准备过程，主要目的是为学习者提供特定的职业技能，帮助他们进入职场。然而，终身教育的理念强调学习是一个持续的过程，这使得职业教育不再被视为一个简单的就业准备过程，而是要考虑到学习者未来持续学习和适应新情况的需求。

　　终身教育的理念要求职业教育在培养学习者职业技能的同时，也要注重培养他们的终身学习能力。这意味着职业教育不仅要教授具体的技能，还要帮助学习者培养自主学习、自我更新和适应新环境的能力。终身学习能力包括学习新知识的能力、解决问题的能力、批判性思维、创新和合作的能力等。

　　在终身教育的理念下，职业教育更加注重对学习者综合素质的提升。

这包括培养学习者的思维能力、创新能力、沟通能力、团队合作能力等。这些能力不仅有助于学习者在职场中取得成功，还能够帮助他们更好地适应社会发展和个人成长的需求。

终身教育的理念还要求职业教育与实际工作紧密结合，提供实践性和应用性的学习机会。通过校企合作、实习实训、职业培训等方式，职业教育为学习者提供与实际工作环境相结合的学习机会，使他们能够掌握从事特定职业所需的专业技能和知识。同时，终身教育的理念也要求职业教育与劳动力市场紧密相连，及时调整课程内容和教学方法，以适应社会和企业的需求变化。

2. 内容上的影响

终身教育的理念对职业教育的内容产生了深刻的影响。在终身教育的背景下，职业教育的内容不仅要覆盖当前的职业需求，还要包括帮助学习者建立终身学习的能力，包括如何学习、如何自我激励和如何适应新技术等。

首先，职业教育的内容需要不断更新和调整，以适应社会和行业的变化。随着科技的快速发展，新的职业和技能不断涌现，而旧的职业和技能可能逐渐过时。因此，职业教育需要及时更新课程内容和教学方法，以确保学习者能够掌握最新的知识和技能。这可能涉及与行业专家、企业合作，以及使用最新的教学技术和工具。

其次，职业教育需要帮助学习者建立终身学习的能力。这意味着教育不仅仅是传授知识，更重要的是教会学习者如何学习。这包括培养学习者自主学习的能力、批判性思维、解决问题的能力等。此外，终身教育还要求学习者具备自我激励的能力，能够自我驱动地去学习新知识和技能。这可能需要教育者提供激励策略和学习方法，以及培养学习者的学习动机和目标设定能力。

再次，职业教育还需要帮助学习者适应新技术。随着科技的不断进步，新技术不断涌现，对职业领域产生了深远的影响。教育者需要教授学习者如何适应新技术，如何利用新技术提高工作效率和创造力。这可能涉及教授学习者如何使用新的工具和软件、如何理解新技术的工作原理，以及如何在新技术环境下进行创新和合作。

3. 方式上的影响

终身教育的理念对职业教育的方式产生了显著的影响。传统的教育方式往往遵循固定的教学计划和课程安排，但终身教育的理念要求教育方式更加灵活和多样化，以适应不同人群的学习需求。

首先，终身教育的理念推动了远程教育和在线学习的发展。这些教育方式允许学习者根据自己的时间和地点灵活地选择学习方式，不再受限于传统的教室环境。通过网络平台和数字工具，学习者可以随时随地进行学习，根据自己的节奏和兴趣掌握知识。这种灵活性使得职业教育能够更好地适应工作繁忙或地理位置受限的学习者，提高了教育的可及性和便捷性。

其次，终身教育的理念促进了成人教育的发展。成人教育注重根据成年人的学习特点和需求进行教学，更加注重实践性和职业性。它提供了针对成人学习者的定制化课程和培训，帮助他们更新知识、提升技能，以适应职业发展的需求。成人教育的多样化教学方式包括研讨会、工作坊、夜校课程等，以满足不同人群的学习偏好和时间安排。

此外，终身教育的理念还鼓励了跨学科和综合性的教学方式。职业教育不再局限于单一的职业技能培训，而是强调跨学科的知识整合和对实践能力的培养。这种教学方式通过项目式学习、案例研究、实践实习等方式，鼓励学习者将不同学科的知识和技能综合运用，提高解决实际问题的能力。

4. 目标上的影响

终身教育的理念对职业教育的目标产生了深远的影响。在终身教育的背景下，职业教育的目标不仅仅是提供职业技能，还要帮助学习者实现个人发展和终身学习的目标。

首先，终身教育的理念要求职业教育关注学习者的全面发展。这包括培养学习者的思维能力、创新能力、沟通能力、团队合作能力等。对这些能力的培养不仅有助于学习者在职场中取得成功，还能够帮助他们更好地适应社会发展和个人成长的需求。因此，职业教育的目标不仅仅是传授职业技能，还要关注对学习者综合素质的提升。

其次，终身教育的理念强调职业教育要帮助学习者实现终身学习。在快速变化的社会和职场环境中，学习者需要具备自我驱动和自我激励的能力，能够主动去学习新知识和新技能。职业教育应该教会学习者如何学习、如何自我激励、如何适应新技术等，帮助他们建立终身学习的意识和能力。这样，学习者才能在职业生涯中不断进步和成长，适应不断变化的社会和职场环境。

再次，终身教育的理念要求职业教育关注学习者的职业发展。职业教育应该帮助学习者了解职业发展的路径和机会，提供关于职业规划的指导和建议。同时，职业教育还应该提供实践性和应用性的学习机会，帮助学习者将理论知识应用到实际工作中，提高职业能力和竞争力。通过这种方式，职业教育能够更好地满足学习者的职业发展需求，帮助他们实现个人职业目标。

5. 效果上的影响

终身教育的理念对职业教育的效果产生了显著的影响。在终身教育的背景下，职业教育不再仅仅关注学习者的短期就业率，而是更加注重他们的长期职业发展和适应能力。

首先，终身教育的理念促进了学习效果的持续性与适应性。终身教育强调持续学习，使得职业教育不再局限于短期技能获取，而是帮助学习者在整个职业生涯中不断提升。学习者在这种理念下具备了更强的适应性和自我提升的动力，职业教育的效果因此更加持久，能更好地适应职业变化与发展需求。

其次，终身教育的理念增强了职业教育成果的广泛适用性。终身教育推动职业教育关注对通用能力的培养，如问题解决能力、批判性思维等，使技能具有可转移性。这样，学习者在不同岗位或职业间能够灵活转换，职业教育的效果不再局限于单一岗位，而是延展到多种职业场景中，增强了教育成果的广泛适用性。

再次，终身教育的理念拓展了职业教育的社会影响力。终身教育提升了社会整体技能水平，使职业教育的效果从个体层面扩展至社会层面，推动了劳动力市场整体素质的提升。同时，在终身教育的理念下，职业教育的效果评价标准也趋向于长效性和发展性，使教育成果能更准确地反映社会和经济的需求。

### （二）职业教育对终身教育的作用

职业教育对终身教育的作用是多方面的，可以从以下几个角度来理解。

#### 1. 技能提升

在现代社会，技术进步和市场需求的变化速度日益加快，这要求职业人士必须不断更新和提升自己的职业技能，以适应新的工作环境。职业教育正是为了满足这一需求而设计的。通过参加职业教育课程，学习者可以学到最新的行业知识和技术，掌握前沿的专业技能，从而在职场上保持竞争力。

职业教育通常包括理论学习和实践操作两部分，这种结合确保了学习者不仅能够理解抽象的概念，而且能够将理论知识应用到实际工作中。这种"学以致用"的教育模式不仅提高了学习者的学习动力，而且提高了学习的实用性和效率。

此外，职业教育还强调终身学习的理念。这意味着，通过职业教育，学习者不仅能够获得即时的职业技能提升，而且能够建立起持续学习的习惯和能力。这种习惯和能力使得学习者能够在未来不断自我更新，适应新的职业挑战和机遇。

总之，职业教育在技能提升方面对终身教育起到了重要的支撑作用。它不仅为学习者提供了实用的专业技能，而且帮助他们建立了终身学习的理念和能力，从而能够在不断变化的工作环境中保持竞争力和适应性。随着社会发展和技术进步，职业教育将继续发挥其重要作用，为个人和社会的持续发展贡献力量。

2. 知识更新

在当今这个信息爆炸、技术飞速发展的时代，终身教育已经成为人们适应社会变革、提升自身竞争力的必要手段。而职业教育作为终身教育的重要组成部分，对于学习者获取最新行业知识和技术起到了至关重要的作用。

首先，职业教育能够帮助学习者快速获取最新的行业知识。随着科技的不断进步，各个行业都在发生着日新月异的变化，新的理论、新的技术、新的工具层出不穷。职业教育课程通常由行业专家设计，内容紧跟行业发展趋势，学习者通过参与这些课程，可以及时了解和掌握最新的行业知识，为自己的职业发展奠定坚实的基础。

其次，职业教育有助于学习者掌握最新的技术。在现代社会，技术的更新换代速度非常快，掌握最新的技术对于职业人士来说至关重要。职业教育课程往往注重实践操作，学习者可以在专业教师的指导下，动手实践最新的技术，从而提高自己的技术水平。

再次，职业教育为学习者提供了终身学习的机会。在终身教育的框架下，知识和技能的更新是一个持续的过程。职业教育不仅帮助学习者获取最新的知识和技术，而且培养了他们的学习兴趣和学习能力，使他们在未来的职业生涯中能够自主学习，不断更新自己的知识和技能。

最后，职业教育有助于提升学习者的综合素质。职业教育课程不仅教授专业知识和技术，还注重培养学习者的沟通能力、团队协作能力、创新能力等综合素质。对这些素质的培养使学习者在职业生涯中更加全面、更具竞争力。

综上所述，职业教育在知识更新方面对终身教育起到了重要的支撑作用。它为学习者提供了获取最新行业知识和技术的机会，使他们能够跟上行业的发展步伐；同时，职业教育培养了学习者的终身学习能力，使他们能够在未来的职业生涯中不断自我更新，适应新的职业挑战。在终身教育的道路上，职业教育将发挥越来越重要的作用。

3. 促进就业

职业教育在促进就业方面发挥着重要作用，这一点在终身教育体系中尤为突出。职业教育与就业市场的紧密联系，使得其课程内容和教学方法能够紧跟市场需求，从而帮助学习者提高就业竞争力。在当前社会，就业是个人和社会发展的基础，职业教育在这方面起到了不可或缺的作用。

首先，职业教育能够提升学习者的专业技能和综合素质。通过接受职业教育，学习者可以系统地学习专业知识，掌握一定的技能，提高自己的综合素质。这些知识和技能的提升，使得学习者在求职过程中更具竞争力，更容易获得企业的青睐。

其次，职业教育有助于缩短学习者与企业之间的距离。职业教育往往与企业实际需求相结合，学习者在学习过程中可以了解企业的运作模式、管理方式和文化特点，从而更好地适应企业环境。此外，职业教育还为企业提供了一个选拔人才的渠道，企业可以通过参与职业教育活动，提前发现和培养潜在的员工。

再次，职业教育有助于提高学习者的职业规划能力。在职业教育过程中，学习者可以对自己的职业生涯进行深入思考，明确自己的职业目标和规划。这种职业规划能力的提升，有助于学习者更好地把握就业机会，实现自我价值。

最后，职业教育还能够帮助学习者提高适应职场变化的能力。职业教育通过培养学习者的学习兴趣和自主学习能力，使他们能够不断地更新知识和技能，以适应职场的变化。

总之，职业教育在促进就业方面对终身教育起到了重要的支撑作用。它不仅有助于提高学习者的专业技能和综合素质、缩短学习者与企业之间的距离、提高学习者的职业规划能力，还能够帮助学习者适应职场变化，实现自我价值和经济独立。

4.适应性培养

职业教育在终身教育体系中扮演的角色不只是简单的技能和知识传授，它的更深层次的目标在于培养学习者的适应性和问题解决能力。在现代社会，面对快速变化的工作环境和技术进步，这些能力显得尤为重要，因为它们使得学习者能够更好地面对未来的不确定性和挑战。

首先，职业教育注重培养学习者的适应性。适应性是一个人在面对新环境、新情况时，能够快速调整自己的思维方式、行为模式以适应新环境的能力。在职业教育中，学习者不仅学到专业知识，更重要的是学到如何将所学应用到实际工作中、如何在不同的职场环境中调整自己的状态，以适应不断变化的工作需求。

其次，职业教育强调培养学习者的问题解决能力。问题解决能力是一个人在面对问题时，能够迅速分析问题、找到解决方案的能力。职业教育课程通常会设置各种模拟职场的情境，让学习者在实际操作中学会分析问题、解决问题，从而提高他们的问题解决能力。

再次，职业教育还致力于培养学习者的终身学习能力。在终身教育的背景下，学习者需要具备自我驱动、自我激励的学习能力，以应对未来职场的挑战。职业教育通过激发学习者的学习兴趣，培养他们的自主学习能力，使他们能够在未来的职业生涯中不断学习、不断进步。

总的来说，职业教育在培养学习者的适应性和问题解决能力方面，对终身教育起到了重要的支撑作用。它不仅帮助学习者掌握实用的专业技能和知识，更重要的是它教会了学习者如何面对未来的不确定性和挑战、如何在这个变化莫测的世界中找到自己的位置。

5. 教育公平

教育公平是一个社会长期追求的目标，而职业教育在这一进程中扮演了至关重要的角色。在终身教育的理念指导下，职业教育为不同背景、不同年龄的学习者提供了获取专业技能和知识的机会，这对于实现教育公平具有深远的意义。

首先，职业教育拓宽了教育的覆盖面。在传统的教育体系中，由于种种原因，一部分学习者可能无法接受高质量的教育。而职业教育则打破了这一局限，它不受年龄、学历、地域等因素的限制，为更多人提供了学习专业技能和知识的平台。通过职业教育，更多的人有机会提升自己的素质，改变自己的命运。

其次，职业教育注重实践性和实用性，更好地满足了一部分学习者的需求。对于那些希望快速就业或者提升职业技能的学习者来说，职业教育能够提供更为直接和实用的培训。这样的教育模式使得学习者能够在较短的时间内掌握所需的技能，提高自己的竞争力。

再次，职业教育促进了社会阶层之间的流动。通过提供平等的教育机会，职业教育帮助那些低收入群体提升自己的素质，从而有更多的机会通过奋斗成为中高收入群体。这不仅有助于改变个人命运，也有助于社会的整体进步和和谐发展。

最后，职业教育推动了教育资源的均衡分配。在终身教育的背景下，职业教育使得教育资源不再仅仅集中于传统的学校教育体系中，而是通过各种培训中心、社区学院等，实现了教育资源的均衡分配，让更多的人能够享受到优质的教育资源。

综上所述，职业教育在促进教育公平方面发挥了重要作用。它为不同背景的学习者提供了获取专业技能和知识的机会，使更多的人能够通过教育和培训改变自己的命运。在未来的发展中，我们应当继续加大对职业教育的支持力度，让更多的人受益于职业教育，以实现教育公平。

6. 社会经济发展

职业教育在实现社会经济发展和促进个人终身教育的目标中发挥着至关重要的作用。在现代社会，经济的发展离不开人才的支撑，而职业教育正是通过培养高素质的劳动力，为社会的经济发展提供了有力的人才支持。

首先，职业教育有助于提高劳动力的专业素质。在现代经济中，对劳动力的要求越来越高，不仅要求他们具备一定的学历，更看重其专业技能和实际操作能力。职业教育通过理论教学与实践操作相结合的方式，培养学习者的专业技能，使他们能够胜任复杂多变的工作岗位，满足社会经济发展的需求。

其次，职业教育有助于提升劳动力的适应能力。在快速发展的经济社会中，行业形态和就业岗位总是在不断变化。职业教育注重培养学习者的综合素质，包括沟通能力、团队协作能力、创新能力等，这些素质使得劳动力能够适应新兴行业和岗位的需求，为社会经济发展注入新的活力。

再次，职业教育有助于缩短劳动力市场的供需差距。职业教育紧密联系市场需求，依据行业发展趋势调整专业设置和教学内容，从而提高毕业生的就业率。这有助于缓解劳动力市场的紧张状况，促进社会经济的稳定发展。

最后，职业教育对于促进社会公平、提升全民素质具有重要意义。通过提供多元化的教育机会，职业教育使得不同背景、不同年龄的学习者都能够获得提升自身能力的机会，从而缩小社会贫富差距，促进社会公平。同时，职业教育还帮助劳动者实现个人价值，提高生活质量，为终身教育目标的实现奠定了基础。

总之，职业教育在推动社会经济发展和实现终身教育的目标中具有不可替代的作用。它通过培养高素质的劳动力，为经济社会发展提供人才支持；通过提升劳动力的适应能力，促进社会经济的持续发展；通过缩短劳动力市场的供需差距，维护社会经济稳定。在未来的发展中，我们应当继续加大对职业教育的支持力度，使其更好地服务于社会经济发展和终身教育目标的实现。

# 第三节 产教融合与职业教育

产教融合是职业教育发展的重要途径。通过与企业等产业界的紧密合作，职业教育可以将教学内容与实际工作需求相结合，使学习者在学校就能接触到真实的工作场景和企业文化，提高其职业技能和素养。这种模式有助于学习者更好地适应社会和职场，提升其就业质量和满意度。产教融合与职业教育是两个相辅相成的概念，它们在推动经济发展和提升人才培养质量方面都发挥着重要作用。

## 一、产教融合的理论与实践

### （一）产教融合的理论基础

产教融合的理论基础主要涉及教育学、经济学和人力资源管理等多个领域。其核心理念是将产业界的实际需求和教育资源相结合，以市场为导向，培养符合企业需求的高素质人才。理论基础主要包括以下三种。

1. 职业教育理论

该理论认为，教育应该与产业紧密结合，满足社会和市场的需求。这一理论的核心观点是，教育不应该脱离实际工作，而应该与产业发展同步，以适应社会和经济的变化。职业教育理论强调对实践能力和技术技能的培养，使学习者能够在毕业后迅速适应工作环境，满足企业的需求。

2. 人力资源开发理论

该理论注重人才的全面发展和终身学习，以适应经济发展。这一理论认为，人才是经济发展的关键资源，应该通过教育和培训，不断提高人才的素质和能力。人力资源开发理论强调个性化和差异化的教育培训，以满足不同人群的学习需求和发展目标。

3. 合作教育理论

该理论提倡学校与企业等社会机构开展合作，共同培养人才。这一理论认为，学校和企业应该建立紧密的合作关系，共同制定培养方案和教学内容，共同提供实践机会和实习岗位。合作教育理论强调对实践能力和创新能力的培养，使学习者能够在实际工作中锻炼自己的能力和技能。

总的来说，职业教育理论、人力资源开发理论和合作教育理论都强调了教育与产业的紧密联系，都提倡对实践能力和技术技能的培养，都注重人才的全面发展和终身学习。这些理论为产教融合提供了理论基础和实践指导，使产教融合成为一种有效的人才培养模式。

**（二）产教融合的国际经验**

产教融合在全球范围内得到了广泛的应用，不同国家和地区根据自己的实际情况，探索出各具特色的方式。国际上的成功经验主要包括以下三种。

1. 德国的"双元制"教育模式

德国的"双元制"教育模式是一种独特的职业教育体系，它将企业与学校紧密结合起来，共同培养技术技能型人才。在这个体系中，学习者在学校学习理论知识，在企业进行实践操作，实现了理论与实践的有机结合。这种教育模式不仅提高了学习者的实践能力，也使得学习者能够在学习过程中更好地了解行业需求，为将来的职业生涯打下坚实的基础。

2. 美国的"合作教育"模式

美国的"合作教育"是一种将学习与工作相结合的教育模式。在这种模式下，学习者在学校学习理论知识与在企业工作交替进行，以提高实践能力和就业竞争力。这种教育模式使得学习者能够在实际工作中应用所学知识，锻炼自己的职业技能，同时也能够了解企业的运营模式和工作环境，为将来顺利就业做好准备。

3. 澳大利亚的"行业驱动的教育与培训"体系

澳大利亚的"行业驱动的教育与培训"体系是一种紧密结合行业需求的教育模式。在这个体系中，教育与培训的内容和标准都是由行业专家参与设计的，确保了教育与培训的实用性和有效性。这种教育模式使得学习者能够学到最新的行业知识和技术，提高了学习者的就业竞争力，同时也为行业提供了符合需求的人才。

总的来说，这三种教育模式都强调了理论与实践的结合，都注重培养学习者的实践能力和职业技能，都使得教育更加贴近行业需求，提高了学习者的就业竞争力。这些教育模式为我们国家提供了一些新的思路，值得我们借鉴和推广。

## （三）我国产教融合的实践探索

我国在产教融合方面也进行了积极的探索和实践，取得了一定的成效，主要表现在以下四个方面。

1. 政策推动是产教融合发展的关键因素之一

我国政府高度重视产教融合，出台了一系列政策文件，如《国务院办公厅关于深化产教融合的若干意见》等，以推动产教融合的深入发展。这些政策文件明确了产教融合的发展方向和目标，为职业院校和企业提供了明确的指导和政策支持。

2. 校企合作是产教融合的重要实现方式

职业院校与企业之间的紧密合作不仅有助于企业参与职业教育的全过程，也有助于职业院校更好地了解行业需求，优化专业设置和开发课程。职业院校可以根据企业的需求，调整教学内容和教学方式，而企业也可以通过参与课程开发和实习实训，影响人才培养的过程，提高人才的素质和能力。

3. 产教融合平台建设是推动产教融合的重要手段

通过建立产教融合服务平台，可以促进教育与产业的资源对接，实现教育和产业的互动发展。这些平台可以提供信息发布、资源对接、项目合作等功能，帮助职业院校和企业建立合作关系，推动产教融合的实施。

4. 人才培养模式创新是提高产教融合质量的关键

通过现代学徒制、企业实习、项目驱动等方式，可以提高人才培养的质量。现代学徒制将学习者作为企业员工培养，让学习者在实际工作中学习知识和技能；企业实习则让学习者深入了解企业运营和行业动态，提高实践能力；项目驱动则鼓励学习者参与实际项目，培养创新能力和团队协作能力。

总的来说，政策推动、校企合作、产教融合平台建设和人才培养模式创新都是推动产教融合深入发展的重要手段和措施。通过这些手段和措施，我们可以更好地实现教育与产业的互动发展，提高人才的素质和能力，推动我国经济社会的持续发展。

# 二、产教融合对职业教育的影响

## （一）产教融合与职业教育资源整合

产教融合是当前职业教育改革的重要方向，它对职业教育资源整合起到了至关重要的作用。传统的职业教育往往存在资源分散、利用率低等问题，而产教融合通过与企业的深度合作，实现了对教育资源的高效整合。

1.产教融合使职业院校能够获得企业的实践教学资源

产教融合是一种将职业教育与实际工作相结合的教育模式，它使得职业院校能够获得企业的实践教学资源，从而提高教育质量和培养学习者的实际工作能力。

首先，企业通常拥有先进的设备和技术，这些设备和技术对于职业院校来说是非常宝贵的。通过与企业合作，职业院校可以让学习者接触到最新的设备和技术，使他们能够更好地了解行业的发展趋势和前沿技术。同时，学习者也有机会在实际操作中学习和掌握这些技术，提高自己的实践能力。

其次，企业还拥有经验丰富的工程师和专业技术人员。通过与企业合作，职业院校可以邀请这些工程师和技术人员来校进行授课或讲座，将实际工作中的经验和知识传授给学习者。这样不仅能够提高学习者的专业素养，也能够激发他们的学习兴趣和动力。

再次，产教融合还可以为学习者提供实习和实训等机会。通过实习和实训，学习者可以直接参与到企业的实际工作中，了解企业的运营模式和工作流程，培养实际工作能力和团队合作精神。这样的教学模式不仅能够提高学习者的学习兴趣和动力，也使他们能够更好地掌握实际工作中的技能。

综上所述，产教融合使职业院校能够获得企业的实践教学资源，提高教育质量和培养学习者的实际工作能力。通过与企业的合作，职业院校可以让学习者接触到最新的设备和技术，邀请经验丰富的工程师和技术人员进行授课，以及为学习者提供实习和实训等机会。

2. 产教融合有助于职业院校了解行业最新动态，调整专业设置和教学内容

产教融合对职业院校的专业设置和教学内容有着重要的影响。通过与企业的紧密合作，职业院校能够及时了解行业的最新动态和发展趋势，从而调整专业设置和教学内容，使其更加符合市场需求。

首先，产教融合使得职业院校能够直接接触到企业的需求和市场的变化。企业作为市场的主体，对市场的敏锐度和对行业发展的深入了解是职业院校所不具备的。通过与企业合作，职业院校能够及时了解行业的需求变化，从而调整专业设置和教学内容，使其更加贴近市场需求。

其次，产教融合还能够帮助职业院校了解行业的最新动态和发展趋势。行业的发展是不断变化的，新的技术和新的行业不断涌现。通过与企业合作，职业院校可以了解行业的最新趋势，从而调整专业设置和教学内容。

综上所述，产教融合使职业院校能够及时了解行业的最新动态和发展趋势，调整专业设置和教学内容。这样的教学内容更加具有针对性和实用性，有助于提高学习者的就业竞争力。

3. 产教融合有助于企业提前培养和筛选符合企业需求的人才

产教融合在促进职业教育与产业发展相结合的同时，也为企业提供了一个有效的人才培养和筛选平台。企业可以直接参与职业院校的教育和培训过程，通过量身定制的课程和实践项目，培养符合自身需求的人才。这种合作模式有助于企业提前锁定和培养具备特定技能和知识背景的人才，从而降低未来招聘时的成本和风险。

首先，企业可以通过与职业院校合作，参与课程设计和教学活动，确保教育内容与市场需求紧密对接。这样的合作可以使学习者在学习过程中

就能接触到行业的最新技术和实际工作场景，从而提高他们的实践能力和就业竞争力。同时，企业也可以通过这种方式提前筛选出符合企业文化和技能要求的人才，为未来的招聘和人才储备打下良好基础。

其次，产教融合还可以通过实习、实训等环节，让学习者在真实的工作环境中学习和锻炼。这不仅有助于学习者了解企业的工作流程和业务需求，也有助于他们提前做好职业规划，明确自己的职业发展方向。同时，企业可以通过这些环节更直观地了解学习者的能力和潜力，进一步降低招聘风险。

再次，产教融合还有助于企业建立良好的品牌形象和口碑。通过积极参与职业教育，企业可以展现其对社会责任的担当和对人才培养的重视，从而吸引更多优秀人才加入。同时，企业也可以通过这种方式加强与职业院校的长期合作关系，使其为企业的持续发展提供人才支持。

综上所述，产教融合不仅有助于职业院校培养符合市场需求的人才，也为企业提供了一个有效的人才培养和筛选平台。这种合作模式有助于实现校企双赢，推动职业教育和产业发展的深度融合。

## （二）产教融合与职业教育课程改革

### 1.课程内容的实时更新

产教融合使得职业院校能够及时了解行业的新动态和技术进步，从而对课程内容进行实时更新。这意味着学习者能够学到最前沿的知识和技能，以更好地适应未来职场的需求。

首先，产教融合通过与企业的紧密合作，为职业院校提供了行业发展的第一手信息。企业作为市场的主体，对于技术进步、市场需求和行业趋势有着深刻的了解。职业院校可以通过与企业合作，定期获取这些信息，并据此调整和更新课程内容。这样的实时更新确保了学习者所学知识的时效性和实用性，使他们能够在毕业时掌握最新的技术和最需要的技能。

其次，产教融合还促进了教学方法的创新。在传统的职业教育中，教师往往依赖于教科书和理论讲授来传授知识。而在产教融合的模式下，教师可以邀请企业专家参与教学，或者组织学习者到企业进行实地学习和实习。这种实践导向的教学方法不仅使学习者能够将理论知识与实际操作相结合，还能够让他们在真实的工作环境中体验和学习，从而更好地理解行业动态和技术发展。

此外，产教融合还有助于建立紧密的校企合作机制。职业院校与企业之间的合作不仅仅是单向的知识传输，更是一种双向的交流和反馈。企业可以就人才培养提出具体建议和需求，职业院校则可以根据这些反馈调整课程设置和教学内容。这种互动合作机制确保了职业教育的课程内容与市场需求同步，使得学习者的学习内容更加具有针对性和适应性。

2. 实践教学的强化

与企业合作，职业院校能够提供给学习者更多的实践教学机会，如实习、工作学习项目等。这种模式不仅让学习者在理论学习的同时获得实际工作经验，还帮助他们建立行业联系，提高就业率。

首先，实习是职业院校与企业合作的重要方式之一。通过实习，学习者可以走进企业，亲身参与实际工作，了解企业的运营模式和管理机制，体验职场生活。在实习过程中，学习者可以将所学的理论知识与实际工作相结合，提高自己的实践能力和职业技能。同时，企业也可以通过实习环节，提前了解学习者的能力和潜力，为学习者提供就业机会。

其次，工作学习项目是职业院校与企业合作的一种创新模式。学习者在工作学习项目中，可以在企业中担任一定的职位，参与企业的日常运营和项目运作。这种模式不仅让学习者获得实际工作经验，还使他们能够深入了解企业的业务流程和文化理念，培养他们的职业素养和团队协作能力。同时，企业也可以通过工作学习项目，培养一批具备潜力的后备人才。

再次，与企业合作提供实践教学机会还有助于学习者建立广泛的行业联系。在实习和工作学习的过程中，学习者可以与企业员工建立良好的交流和互动，拓展自己的人际关系网络。这些行业联系对于学习者未来的职业发展具有重要意义，可以为他们提供更多的就业机会和职业发展空间。

最后，实践教学机会的提供有助于提高学习者的就业率。在竞争激烈的就业市场中，具备实际工作经验和职业素养的学习者更容易脱颖而出，获得企业的青睐。职业院校通过与企业合作，为学习者提供实习、工作学习项目等实践教学机会，使得他们在毕业时已经具备一定的职业能力和工作经验，提高了他们的就业竞争力。

3. 项目驱动和案例教学

产教融合鼓励使用项目驱动和案例教学的方法，使学习者能够在解决实际问题的过程中学习和应用知识。这两种方法能够提高学习者的问题解决能力和创新能力。这两种方法都强调将学习者置于真实或模拟的工作环境中，让他们通过解决实际问题来学习和应用知识。这种教学模式不仅提高了学习者的学习兴趣和动力，而且培养了他们解决实际问题的能力和创新思维。

项目驱动教学法是指教师引导学习者通过完成具体的项目来学习知识和技能。在这个过程中，学习者需要进行需求分析、方案设计、实施和总结等多个环节。这种教学方法能够让学习者在实际操作中掌握理论知识，提高他们的实践能力和团队协作能力。同时，项目驱动教学法也鼓励学习者创新和解决问题，培养他们的项目管理能力和沟通协调能力。

案例教学法则是通过分析真实的商业案例来引导学习者学习。教师可以选择具有代表性的案例，让学习者深入了解企业的运营模式、管理策略和市场动态。在案例分析过程中，学习者需要运用所学知识对案例进行解读和评价，提出解决问题的方案。这种教学方法有助于培养学习者的批判性思维和决策能力，使他们能够更好地应对未来的职业挑战。

4. 课程评价体系的改革

通过与企业合作，职业院校可以获得更符合行业标准的评价体系，如过程评价、能力评价等。这样的评价体系更能反映学习者的实际能力和潜力，有助于学习者更好地了解自己的学习状况和实际能力，提高自我认知和自我调整能力。同时，这样的评价体系也有助于培养学习者的实际操作能力、创新能力、问题解决能力等，以提高他们的职业竞争力。

此外，与企业合作，职业院校还可以根据行业需求和企业反馈，对课程评价体系进行持续优化和调整。这样可以确保课程评价体系与行业标准保持一致，培养学习者更好地满足企业的需求，提高学习者的就业率和职业发展能力。

总之，产教融合推动了职业教育课程从理论导向向实践导向、从单一学科体系向跨学科综合能力的转变，使职业教育更加贴近市场需求，能够更有效地培养适应未来职场的人才。

## （三）产教融合与职业教育师资队伍建设

产教融合对职业教育的师资队伍建设产生了积极影响，这种影响主要体现在以下三个方面。

1. 产教融合提高教师的专业水平

产教融合能够使职业院校的教师及时了解行业最新动态，更新自己的专业知识和技能。在传统的教育模式中，教师往往只能通过学术期刊、专业书籍等渠道获取知识，而这些渠道的信息更新速度可能无法满足快速变化的行业需求。

首先，产教融合能够帮助教师了解行业最新动态。在快速发展的社会中，行业技术和知识的更新速度非常快，而职业院校的教师需要不断更新自己的专业知识，以满足学习者的学习需求。通过与企业合作，教师可以及时了解到行业的最新动态和发展趋势，从而为学习者提供更加实用的教学内容。

其次，产教融合能够提高教师的专业水平。与企业合作，教师可以直接接触到行业的前沿技术和最新动态，从而提高自己的专业水平。这种深入了解行业的能力，使得教师能够将最新的知识和技能传授给学习者，使学习者的学习内容与行业需求保持一致。

再次，产教融合还能够促进教师与企业的互动交流。通过与企业合作，教师可以与企业人员开展交流与合作，了解企业的实际需求和行业发展趋势。这种互动交流不仅有助于教师提高自己的专业水平，还能够帮助教师更好地指导学习者，使学习者的学习内容更加符合企业的需求。

2. 产教融合为教师提供更多的实践教学机会

产教融合是一种将职业教育与实际工作相结合的教育模式，它能够为教师提供更多的实践教学机会，从而提高教师的教学质量和实践能力。

在传统的职业教育中，教师的教学往往偏重理论，而缺乏实践操作的机会。在这种情况下，教师的教学可能会脱离工作中的实际情况，导致学习者的学习内容与实际工作需求不符。通过与企业合作，教师可以参与企业的实际项目，或者与企业共同开展实践活动。这样，教师就能够将理论知识与实际工作相结合，从而提高自己的实践教学能力。

通过参与企业的实际项目，教师能够深入了解行业的实际需求和工作环境，从而更好地指导学习者。他们可以根据实际项目的需求，设计教学内容和教学方法，使学习者的学习内容更加实用和贴近实际。

此外，与企业合作开展实践活动也能够提高教师的教学质量。通过实践活动，教师能够更好地引导学习者将理论知识应用于实际工作中，培养学习者的实际操作能力和创新能力。同时，实践活动也能够激发学习者的学习兴趣和动力，使他们更加积极地参与学习，从而提高学习效果。

总之，产教融合是一种有效的教育模式，有助于教师培养学习者的实际能力和创新能力，以满足社会和企业的需求。

3.产教融合促进职业院校师资队伍的多元化

在产教融合模式下，企业技术人员的参与为职业院校带来了行业内的实际经验和案例，丰富了教学内容，提高了教学质量。企业技术人员通常具备丰富的实践经验和专业技能，他们能够为学习者提供最新的行业动态和解决实际工作中的技术难题，使学习者能够更好地理解和掌握专业知识。同时，企业技术人员的参与也能够激发学习者的学习兴趣，使他们更加明确自己的职业发展方向。

企业技术人员的参与还能够为职业院校的教师提供更多的实践教学机会。教师可以通过与企业技术人员合作，共同开展实践项目，从而提高自己的实践教学能力。这种实践经验不仅能够使教师更好地指导学习者，也能够提高教师的教学质量。

此外，企业技术人员的参与还能够促进职业院校师资队伍的多元化。企业技术人员的加入使得师资队伍不再局限于职业院校的教师，而是包含了来自企业的专业人士。这种多元化的师资队伍能够为学习者提供更加丰富和多元化的教学资源，便于提高学习者的学习效果。

总之，在产教融合模式下，多元化的师资队伍不仅有助于学习者的全面发展，也能够提高职业院校的整体教育水平。

# 三、我国产教融合与职业教育的发展路径

## （一）完善政策法规，推动产教融合

为了确保产教融合的有效实施，需要从三个方面进行细化和规范。

1. 制定具体的操作指南和实施条例

制定具体的操作指南和实施条例至关重要。这些文件应当详细阐述产教融合的目标、原则、具体操作流程以及相关各方的权利和义务。例如，企业应承担的培训责任、学校的教育教学改革方向、学习者的实习权益等，都应在指南和条例中得到明确。这样可以为企业和学校提供清晰的指导，以确保产教融合的顺利进行。

2. 提供政策激励

提供政策激励是促进产教融合的重要手段。政府可以通过税收优惠、资金支持等方式，鼓励企业积极参与产教融合。如对于参与产教融合的企业，可以减免一定的税收，或者提供财政补贴和资金支持，用于企业的培训成本、设备更新等。这将激发企业的积极性，促进产教融合的深入发展。

3. 建立评估机制

建立评估机制对于保障产教融合质量至关重要。政府应设立专门的评估机构，对产教融合项目的效果进行定期评价。评估内容可以包括学习者的就业率、企业的人才满意度、教育教学质量、实习实训效果等多个方面。通过评估，可以及时发现和解决问题，确保政策的实施效果，推动产教融合的持续改进和发展。

综上所述，制定具体的操作指南和实施条例、提供政策激励以及建立评估机制，这三个方面都是推动产教融合深入发展的重要措施。通过这些措施，可以确保产教融合的顺利进行，提高人才的培养质量，促进我国经济社会的持续发展。

## （二）加强职业教育体系建设

### 1.建立与产业发展相适应的职业教育课程体系

建立与产业发展相适应的职业教育课程体系是提高职业教育质量和效果的关键。

首先，学校需要进行市场调研，了解行业的发展趋势和人才需求，以确定课程体系的方向和内容。通过调研，学校可以了解哪些技能和知识是当前市场上急需的，从而调整课程设置，确保学习者所学能够满足行业需求。

其次，学校应当与行业企业合作，引进行业专家参与课程设计和评审，确保课程内容的实用性和前瞻性。行业专家可以提供最新的行业动态和技术发展，帮助学校更新课程内容，使其与行业发展保持同步。同时，学校也可以邀请企业代表参与课程评审，以确保课程内容能够满足企业的实际需求。

再次，学校应定期更新课程内容，以适应技术进步和市场变化。教育内容应当紧跟行业发展，及时删除过时的知识和技能，增加新兴的领域和热门话题。通过不断调整和优化课程体系，学校可以确保提高学习者的就业竞争力。

### 2.加强师资队伍建设

加强师资队伍建设是提高职业教育质量的重要措施。

首先，学校应当引进行业专家和有丰富实践经验的教师，以提高教师队伍的整体实践能力。行业专家可以为学习者提供实际的工作场景和案例分析，使教学内容更加贴近实际。同时，具有丰富实践经验的教师也能够引导学习者将理论知识应用到实际操作中，从而提高他们的实践能力。

其次，学校应提供定期的专业培训和发展机会，以保持对教师的专业知识和技能的更新。教师是教育质量的关键，只有不断更新自己的知识和技能，才能更好地传授给学习者。学校可以通过组织内部培训、参加行业研讨会、引入新技术和新知识等方式，帮助教师提升自己的专业水平。

再次，学校应鼓励教师参与"产学研"合作项目，以增加教师的实践经验和行业联系。教师可以通过与企业合作开展项目，深入了解行业需求和实际问题，将实际经验融入教学中，提高教学的实用性和吸引力。同时，教师参与"产学研"合作项目也有助于建立与行业的良好关系，为学习者提供更多的实习和就业机会。

3. 加强实训基地建设

加强实训基地建设是职业教育不可或缺的一环。

首先，学校应建立模拟企业环境的实训基地，为学习者提供实际操作和实习的机会。这样可以使学习者更好地理解理论知识，提高他们的实践能力。学校可以与企业合作，共同设计和实施实训项目，以确保实训内容的实用性和真实性。

其次，学校应定期更新实训设备和工具，以跟上行业的最新技术。实训设备是学习者实践操作的重要工具，只有使用最新的设备，学习者才能掌握最新的技能。学校可以与企业合作，共同投资更新实训设备，以确保学习者能够在实训过程中学到最新的知识和技能。

综上所述，建立与产业发展相适应的职业教育课程体系、加强师资队伍建设以及加强实训基地建设，这三个方面都是提高职业教育质量的关键。通过这些措施，我们可以培养出更多符合行业需求的高素质技术技能型人才，从而推动我国经济社会的持续发展。

## （三）提升产教融合的深度与广度

1. 推动校企合作向纵深发展

推动校企合作向纵深发展，实现课程内容与企业需求的对接，是提高职业教育质量的重要途径。学校和企业应当共同研究制定人才培养方案，确保课程内容与企业需求相匹配。学校可以邀请企业专家参与课程设计，引入实际案例和项目，使学习者能够在学习过程中了解行业动态和企业需求。同时，企业也可以根据自身发展需求，提出人才培养的具体要求，学校根据这些要求调整课程内容和教学方式。

2. 鼓励企业参与职业教育的人才培养计划

鼓励企业参与职业教育的人才培养计划，不仅能够为企业培养所需的人才，也能够为学习者提供实习岗位和就业机会。学校可以与企业合作开展实习实训项目，让学习者在实际工作中学习知识和技能。企业也可以根据自身需求，提供一定的就业岗位，为学习者提供就业机会。此外，企业还可以参与职业教育评价和监督，为学校提供反馈和建议，以促进教育教学改进。

3. 开展跨区域、跨行业的产教融合合作

开展跨区域、跨行业的产教融合合作，可以拓宽校企合作的领域和范围，实现资源共享和优势互补。学校可以与其他学校、企业、研究机构等进行合作，共同开展人才培养、技术研发和项目合作等活动。例如，不同地区的学校可以共同开展远程教育，共享优质教育资源；不同行业的学校和企业可以共同开展跨行业人才培养项目，从而让学习者学到更多跨领域的知识和技能。

综上所述，推动校企合作向纵深发展、鼓励企业参与职业教育的人才培养计划以及开展跨区域、跨行业的产教融合合作，这三个方面都是提高职业教育质量和效果的重要措施。通过这些措施，职业教育可以更好地满足企业的人才需求，提高学习者的就业竞争力。

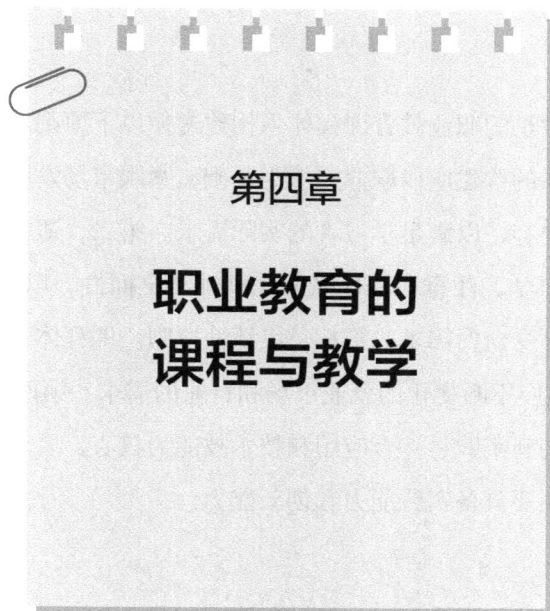

第四章

# 职业教育的
# 课程与教学

# 第一节 职业教育课程体系的构建

基于技术哲学的职业教育课程体系构建遵循以下原则。第一，实用性原则。课程体系的构建应以职业需求为基础，紧跟市场发展趋势，不断完善课程体系的内容，以满足学习者的实际需求。第二，适应性原则。课程体系应灵活、科学，注重课程体系的完整性和全面性，以适应不同地区、不同行业和不同受众的需求。第三，灵活性原则。课程体系要能够灵活运用和改变，以适应不断变化的就业市场和行业的需求。第四，综合性原则。课程体系应以创新实践、综合应用和技术技能为核心，要求学习者不仅获得专业知识，还要具备实践能力和创新能力。

## 一、职业教育课程体系构建的关键要素

### （一）确定课程目标

确定课程目标是职业教育课程体系构建的基础。在确定课程目标时，应充分考虑行业需求、学习者发展需求以及社会发展趋势，确保课程目标具有前瞻性和实用性。明确的学习目标可以为学习者提供清晰的学习方向，并为课程内容选择和教学方法设计提供依据。课程目标是课程设计和教学实施的方向标，对于指导教师的教学活动和评估学习者的学习成果具有至关重要的作用。

在确定职业教育课程目标时，以下五个方面是需要重点考虑的。

1. 行业需求分析

在确定职业教育课程目标时，需要先对相关行业进行深入的需求分析，了解行业目前的发展状况、未来趋势以及人才需求的具体规格。这包括对技能、知识、态度和价值观等方面的需求。

2. 学习者发展需求

在确定职业教育课程目标时，要充分考虑学习者的特点和需求，这包括他们的基础知识、学习能力、职业兴趣和发展期望等。课程目标应当能够适应不同学习者的个性化需求，提供适当的学习支持和资源。

3. 社会发展趋势

在确定职业教育课程目标时，还需要考虑社会经济、技术进步和文化变迁等发展趋势，确保课程目标能够适应未来的变化，培养学习者具备可持续发展的能力和素质。

4. 前瞻性和实用性

在确定职业教育课程目标时，课程目标应当具有前瞻性，能够预见和适应未来的变化和挑战。同时，课程内容要实用，以确保学习者能够掌握符合实际工作需要的知识和技能。

5. 教学法和学习评估

在设定课程目标时，还应考虑如何通过不同的教学法和学习评估手段来实现这些目标，以确保教学活动能够有效地促进学习者的能力提升和职业发展。

总之，职业教育课程目标的设定是一个系统化的过程，需要多方面调研和分析，以确保课程目标的准确性和有效性。通过科学的目标设定，可以更好地指导课程内容选择、教学方法设计以及学习评估的标准制定，从而提高职业教育的质量和效果。

## （二）选择课程内容

在构建职业教育课程体系时，选择的课程内容应基于课程目标，以确保内容与目标相匹配。在选择课程内容时，应充分考虑行业的实际工作需求，将理论知识与实践技能相结合，以培养学习者的综合职业能力。同时，课程内容应具有一定的灵活性，以适应不同学习者的需求和行业发展的新趋势。以下是一些选择课程内容时可以考虑的原则。

1. 与课程目标的一致性

课程内容应直接支持课程目标的实现，每一部分内容都应该有助于学习者达到既定的学习成果。

2. 行业实际工作需求

课程内容选择应该基于对相关行业的深入分析，确保学习者学到的知识和技能能够满足行业实际工作的需求。

3. 理论与实践结合

职业教育课程应该平衡理论学习和实践技能培养的内容，确保学习者能够将理论应用于实际工作中。

4. 案例研究和项目工作

通过案例研究和项目工作，学习者可以在真实或模拟的工作环境中应用所学知识，提高解决实际问题的能力。

5. 灵活性和适应性

职业教育课程的内容应具有一定的灵活性，以便及时调整和更新，适应行业的发展和变化。

6. 终身学习的态度

职业教育课程的内容应鼓励学习者培养终身学习的习惯，让他们了解学习是一个持续的过程。

7. 评估和反馈

对职业教育课程内容的评估应与学习目标相一致，提供有效的反馈机制，以帮助学习者了解自己的进步和需要改进的地方。

8. 国际化视野

对于有国际化需求的职业领域，职业教育课程的内容应包括国际化的元素，如跨文化交流、全球市场分析等，以培养学习者的国际竞争力。

通过综合考虑这些原则，职业教育课程的内容将更加符合学习者的职业发展需求，同时也能够跟上行业的变化和发展。

## （三）设计课程结构

设计课程结构是职业教育课程体系构建的核心环节。在设计课程结构时，应注重课程的逻辑性和连贯性，确保学习者能够系统地掌握所需的知识和技能。同时，课程结构应具有一定的灵活性，以适应不同学习者的学习路径和发展需求。一个良好的课程结构应该满足以下几个关键要求。

1. 逻辑性和连贯性

职业教育课程结构应该按照逻辑顺序组织，以确保学习者能够循序渐进地掌握知识和技能。这要求课程内容之间的衔接自然，每个新概念或技能都建立在之前的学习基础之上。

2. 模块化和灵活性

职业教育课程应该模块化设计，使得学习者可以根据自己的兴趣和需求选择学习路径。同时，模块化设计也便于后续根据行业发展和学习者反馈进行快速调整。

3. 实践和理论平衡

职业教育课程中的理论课程和实践课程应该相互补充，以确保学习者能够将理论知识应用于实际工作中。实践课程应该包括实验、实习、案例研究等，以提高学习者的实际操作能力。

4. 评估和反馈

职业教育课程结构中应该包含定期的评估和反馈环节，以帮助学习者了解自己的学习进度和表现，同时也为教师提供调整教学策略的依据。

5. 终身学习的机会

职业教育课程结构应该鼓励学习者进行终身学习，并提供进一步学习的机会，如高级课程、专业认证等。

6. 跨学科整合

在必要时，职业教育课程结构应该允许跨学科学习，帮助学习者建立不同领域知识之间的联系，以提高他们的问题解决能力和创新思维。

通过综合考虑这些要素，职业教育课程结构的设计将更加合理和高效，能够更好地满足学习者的需求，同时也能够适应行业的变化和发展。

## （四）制定课程标准

制定课程标准是衡量职业教育课程质量和学习者学习成果的重要依据。在制定课程标准时，应明确学习者的学习成果预期，设定合理的评价指标，以确保实现课程目标。课程标准应具有一定的灵活性，以适应不同学习者的学习风格和发展需求。以下是制定课程标准时应考虑的关键点。

1. 学习成果的明确性

职业教育课程标准应清晰地描述学习者预期达到的学习成果，包括知识、技能、态度和价值观等方面。

2. 评价指标的合理性

职业教育课程标准应设定具体、可衡量的评价指标，以便于在学习过程中对学习者的进展进行评估，并最终判断是否达到了课程目标。

3.灵活性和适应性

职业教育课程标准应具有一定的灵活性，能够适应不同学习者的学习风格和发展需求，同时也能够根据行业发展和教育理念的变化进行调整。

4.与课程目标和内容的一致性

职业教育课程标准应与课程目标和课程内容紧密相连，确保所有的教学活动和评估方法都能够支持学习者达到既定的学习成果。

5.持续改进的机制

制定职业教育课程标准时应建立持续改进的机制，鼓励教师和学习者反馈课程实施的情况，以便不断优化课程标准和教学实践。

6.公平性和包容性

职业教育课程标准应确保对所有学习者公平，不歧视任何特定群体，同时应考虑到不同背景学习者的需求和优势。

7.行业和学术界的认可

职业教育课程标准应得到相关行业和学术界的认可，确保学习者的能力和资格能够得到社会的广泛认可。

通过综合考虑这些要素，职业教育课程标准将更加完善和有效，能够更好地指导教学活动和学习评估，从而提高课程质量和学习者的职业能力。

# 二、职业教育课程体系构建的实践策略

## （一）结合行业需求

职业教育课程体系构建应紧密结合行业需求。学校应和企业加强合作，了解行业的实际工作需求和发展趋势，以确保课程内容与行业需求对接。通过与企业合作，学校可以提供真实的工作场景和实习机会，使学习者能够更好地了解行业特点和职业要求。

1. 行业调研

学校和培训机构应定期进行行业调研，收集和分析行业的实际工作需求、技能缺口以及发展趋势。这可以通过问卷调查、访谈、焦点小组讨论等方式进行。

2. 企业合作

学校应建立与企业的合作伙伴关系，让行业专家参与课程设计和评审过程。企业可以为学校提供案例研究、项目工作、实习机会等，使课程内容更加贴近实际工作环境。

3. 工作场景模拟

学校可以设置模拟的工作场景，让学习者在接近真实的工作环境中学习和练习。这有助于学习者理解行业的操作流程和工作要求。

4. 实习和工学结合

学校应鼓励学习者参与实习项目，将学习与工作相结合。这种模式可以让学习者在实际工作中应用所学知识，同时积累宝贵的职业经验。

5. 职业指导和服务

学校应提供职业指导服务，帮助学习者了解不同职业路径和所需的技能。职业顾问可以与学习者一对一交流，提供个性化的建议和指导。

6. 持续更新课程内容

随着行业的发展和变化，职业教育课程内容应定期更新，以确保学习者学到的是最新的知识和技能。

7. 评估和反馈

学校通过与行业企业合作，共同开发评估工具和方法，确保学习者的学习成果能够满足行业标准。同时，学校定期收集学习者的反馈，了解他们对于课程的满意度和建议。

通过这些措施，职业教育课程体系能够更好地满足行业需求，培养出具备实际工作能力的学习者，为他们未来的职业生涯打下坚实的基础。

### （二）注重实践教学

职业教育课程体系构建应注重实践教学。通过实践教学，学习者可以将理论知识与实际操作相结合，提高综合职业能力。学校应提供先进的实验设施和实习机会，鼓励学习者参与实际项目，培养他们的实践能力和创新精神。

1. 实验设施的投入

学校应投资于先进的实验设施，包括实验室、工作坊、模拟中心等，以便学习者能够在受控环境中进行实践学习。

2. 实践课程的设计

职业教育课程应包含一定比例的实践课程，这些课程旨在让学习者应用理论知识，通过实际操作来加深理解。

3. 实际项目的参与

学校应鼓励学习者参与真实的项目工作，无论是与企业的合作项目还是学校自己的实践项目，这样学习者就可以在实际工作环境中学习和成长。

4. 实习和工学结合

实习是实践教学的重要组成部分，学校应与企业合作，为学习者提供实习机会，让他们在职业环境中体验工作并应用所学知识。

5. 案例研究和项目工作

通过案例研究和项目工作，学习者可以将理论知识应用于解决实际问题，这有助于培养他们的批判性思维和问题解决能力。

6. 创新和创业教育

学校应鼓励学习者参与创新和创业活动，提供相关的课程和指导，以培养他们的创新精神和创业意识。

7. 评估方式的多样化

对实践教学的评估应不仅限于传统的考试和测验，还应包括项目作品、实习报告、技能展示等多种评估方式。

8. 教师的专业发展

教师应具备实践经验，或者定期参与专业发展活动，以保持其教学内容的时效性和实用性。

通过这些注重实践教学的措举，职业教育课程体系能够更好地培养学习者的综合职业能力，使他们能够在毕业后迅速适应职场需求，展现出色的职业能力。

### （三）融入信息技术

职业教育课程体系构建应融入信息技术。学校应利用现代信息技术，如在线学习平台、虚拟实验室等，为学习者提供灵活的学习环境和丰富的学习资源。通过信息技术，学习者可以随时随地进行学习，从而提高学习效果和效率。

1. 在线学习平台

学校应开发或采用在线学习平台，以便学习者可以随时随地进行学习。这些平台可以提供视频教程、互动课程、电子书籍等丰富的学习资源。

2. 虚拟实验室

利用虚拟现实和增强现实技术，学校可以创建虚拟实验室，让学习者在安全的虚拟环境中进行实验操作，以增强实践学习体验。

3. 数据分析和反馈

收集学习者的学习数据，学校可以利用数据分析工具来监测学习者的学习进度，为他们提供个性化的学习建议和反馈。

4. 在线评估和测试

学校利用在线平台对学习者进行评估和测试，可以提供即时反馈，帮助学习者更好地理解自己的学习成果和不足。

5. 远程教育和协作

对于地理位置分散的学习者，信息技术可以提供远程教育解决方案，使他们能够与教师和其他学习者进行实时交流和协作。

6. 混合式教学

结合线上和线下教学，学校可以创造更加灵活的互动学习环境，以提高学习者的参与度和学习效果。

7. 持续的技术更新

随着信息技术的快速发展，学校应不断更新教学技术和工具，以确保学习者能够学到最新的知识和技能。

8. 数字素养教育

学校应在课程中加入关于信息素养、网络安全和数据保护的教学内容，帮助学习者成为能够适应数字时代的合格公民。

通过融入信息技术，职业教育课程体系能够提供更加灵活、高效的互动学习体验，帮助学习者适应未来工作场所所需的技能。

## （四）提倡跨学科整合

职业教育课程体系构建应提倡跨学科整合。学校应鼓励学习者学习多个学科的知识和技能，培养他们的综合素质和创新能力。通过跨学科整合，学习者可以更好地应对复杂的工作场景和职业挑战。

1. 课程设计

在课程设计中，学校应打破传统学科的界限，设计跨学科的课程模块，让学习者在学习过程中自然接触到不同学科的知识。

2. 项目驱动学习

学校通过设置项目驱动的学习内容，促使学习者运用多个学科的知识和技能来解决实际问题，这有助于培养他们的跨学科整合能力。

3. 综合实践活动

学校应组织学习者参与综合实践活动，如研究性学习、社区服务、创新创业项目等，这些活动可以让学习者在实践中跨学科地应用所学知识。

4. 教师协作

学校应鼓励来自不同学科的教师进行协作，共同开发跨学科课程，或者在教学中相互支持和补充，为学习者提供全面的视角。

5. 学习者自主学习

学校应鼓励学习者自主探索自己感兴趣的跨学科领域，通过自主学习、研究性学习和团队合作等方式，培养他们的独立思考能力和创新能力。

6. 学术交流和研讨会

学校应定期举办学术交流和研讨会，邀请不同学科的专家分享最新研究成果和行业动态，以激发学习者的跨学科思维。

7. 评估方式

学校应采用多元化的评估方式，不仅评估学习者的学科知识掌握程度，还评估他们在跨学科应用、团队合作、创新能力等方面的表现。

8. 学习资源整合

学校需要整合校内外资源，包括图书馆、在线数据库、行业合作伙伴等，为学习者提供跨学科的学习资源和实践机会。

通过跨学科整合，职业教育课程体系能够更好地培养学习者的综合素质和创新能力，使他们能够应对复杂多变的工作环境和职业挑战。

# 三、职业教育课程体系构建的发展方向

## （一）深化校企合作

职业教育课程体系构建应深化校企合作。学校和企业应加强合作，共同制定课程目标和内容，提供实习机会和就业渠道。通过深化校企合作，学校可以更好地了解行业需求，培养符合企业要求的人才。

1. 共同课程开发

学校和企业可以共同开发课程，确保教学内容与行业需求相匹配。企业可以提供案例研究、实际问题、技术更新等内容，学校则可以提供理论知识和学术研究等内容。

2. 行业专家参与

学校应邀请行业专家参与教学活动，如讲座、研讨会、工作坊等，使学习者能够直接了解行业的最新发展和职业要求。

3. 实习和工学结合

学校应与企业合作，为学习者提供实习机会，让他们在实际工作环境中学习和应用所学知识。工学结合的模式可以让学习者在学期内交替进行学习和工作。

4. 就业指导和职业规划

学校应提供就业指导服务，帮助学习者了解就业市场，制定职业规划。企业可以提供就业信息，甚至参与招聘过程。

5. 企业培训和继续教育

学校可以为企业员工提供培训和继续教育服务，满足企业员工职业发展的需求，同时也为学习者提供了解行业和企业的机会。

6. 研发和技术转化

学校和企业可以共同进行项目研发，将学校的科研成果转化为实际应用，同时为学习者提供实践和研究的机会。

7. 评价和反馈机制

学校应建立和企业之间的评价和反馈机制，确保教学质量，并根据企业的反馈调整课程内容。

8. 文化和技能交流

学校应鼓励学习者和企业员工之间的文化和技能交流，增进学习者对行业文化的理解和认同。

通过深化校企合作，职业教育课程体系能够更加贴近行业需求，培养出具备实际操作能力和职业素养的人才，同时也为学习者提供了更多的就业机会和职业发展路径。

## （二）加强课程内容与企业需求的对接

职业教育课程体系构建应加强课程内容与企业需求的对接。学校应定期更新课程内容，确保与行业发展的同步。通过与企业需求对接，学习者可以更好地了解行业特点和职业要求，提高就业竞争力。

1. 行业调研

学校应定期进行行业调研，了解企业的最新需求和发展趋势，以便调整课程内容。

2. 企业反馈

学校应建立与企业的沟通机制，定期收集企业对毕业生的需求反馈，以作为课程更新的依据。

3. 案例教学

学校应在课程中使用企业案例教学，让学习者了解企业的实际运营和管理情况，从而提高他们的实战能力。

4. 技能培训

根据企业的技能需求，学校应提供相应的技能培训课程，如编程、数据分析、外语等，以提升学习者的职业技能。

5. 项目合作

学校与企业合作开展项目，让学习者参与真实的工作项目，以提高他们的实践能力和解决问题的能力。

6. "双师型"教师

学校应加强培养"双师型"教师，即具有理论教学能力和企业实践经验的教师，他们能够更好地将企业需求融入课程教学。

7. 职业证书培训

学校应与企业合作提供职业证书的培训课程，帮助学习者获得行业的认证，增加就业竞争力。

8. 实习和就业服务

学校应提供高质量的实习和就业服务，帮助学习者与企业建立联系，增加就业机会。

通过加强课程内容与企业需求的对接，职业教育课程体系能够更好地培养符合企业需求的高素质人才，提高学习者的就业竞争力和职业发展潜力。

## （三）推进课程体系改革与创新

职业教育课程体系构建应推进课程体系改革与创新。学校应根据行业发展的新趋势和学习者需求的变化，不断调整和优化课程体系。通过改革与创新，职业教育课程体系可以更好地适应社会发展的需求。

1. 持续更新课程内容

随着技术进步和行业需求变化，学校应定期更新课程内容，以确保教学材料与时俱进。

2. 引入新兴学科和技能

随着新技术和新职业的出现，学校应考虑将这些新兴学科和技能纳入课程体系，如人工智能、大数据分析、机器人技术等。

3. 实践和项目导向学习

学校应加强实践和项目导向的学习，让学习者在实际操作中应用所学知识，提高解决实际问题的能力。

4. 跨学科课程设计

学校应鼓励跨学科的课程设计，帮助学习者建立不同学科之间的联系，培养他们的综合素质和创新能力。

5. 灵活的课程结构

学校应设计灵活的课程结构，以适应不同学习者的需求和兴趣，包括选修课程、定制化课程路径等。

6. 技术辅助教学

学校应利用现代信息技术，如在线学习平台、虚拟现实、增强现实等，提高教学效果和学习者的学习体验。

7. 学习成果认证

学校应实施学习成果认证制度，认可学习者在学习过程中的各种成就，包括学历证书、职业证书、技能认证等。

8. 教师专业发展

学校应重视教师的专业发展和持续教育，确保教师能够教授最新的知识和技能，同时鼓励教师参与教学研究和创新活动。

通过推进课程体系改革与创新，职业教育可以更好地适应社会和经济发展的需求，培养出具有竞争力的人才。

## （四）加强教师队伍建设

职业教育课程体系构建应加强教师队伍建设。学校应加强对教师的培训和引进，提高教师的专业水平和教学能力。通过加强教师队伍建设，学校可以为学习者提供更高质量的教学和指导。

1. 师资引进与培养

学校应引进具有丰富行业经验和教学能力的专业人才，同时加强对现有教师的培养和提升。

2. 专业发展机会

学校应为教师提供定期的专业发展机会，如参加行业研讨会、培训课程、学术会议等，以保持其专业知识更新。

3. 教学方法培训

学校应鼓励教师参加教学方法培训，掌握并运用现代化的教学手段和技巧，如混合式教学、翻转课堂等。

4. 教学研究与创新

学校应鼓励教师进行教学研究与创新，通过开展教学研究项目，探索更有效的教学模式和方法。

5. 企业实践经验

学校应鼓励教师定期到企业进行实践，以获取最新的行业知识和经验，提高其教学内容的实用性和针对性。

6. 教师激励机制

学校应建立教师激励机制，如绩效评估、职称晋升、奖励制度等，以提高教师的教学积极性和责任感。

7. 跨学科合作

学校应鼓励教师之间的跨学科合作，促进知识的交流和整合，提高他们的教学质量和创新能力。

8. 国际视野

学校应为教师提供国际交流和学习的平台，引进国际先进的教育理念和教学方法，拓宽教师的视野。

通过加强教师队伍建设，职业教育课程体系能够提供更高质量的教学和指导，帮助学习者掌握专业知识、提高职业素养，为未来的职业生涯打下坚实的基础。

# 第二节 职业教育教学方法的选择

　　基于技术哲学的职业教育教学方法，旨在通过深入理解和应用技术哲学的核心理念，来提升职业教育的质量和效果。这种方法强调技术的本质、价值及其对人类社会的影响，并将其融入教学实践中。基于技术哲学的职业教育教学方法应注重理论与实践相结合、技术伦理与人文关怀培养、创新精神与批判性思维提升，以及关注技术与社会发展的关系。通过这些方法，我们可以更好地培养出具备专业素养、创新能力和社会责任感的优秀人才。

## 一、职业教育教学方法的分类

### （一）传统教学方法

　　传统教学方法是职业教育中最常见的教学方式，主要包括以下三种。

　　1. 课堂讲授

　　课堂讲授作为一种传统的教学方式，在职业教育中占据着重要地位。在这种教学模式下，教师作为知识的传播者，通过口头讲解的方式，向学习者传授相关的知识和理论。这种教学方式具有以下几个特点。

　　系统性强：课堂讲授能够帮助学习者系统地学习和掌握职业知识。教师按照教材和教学大纲的要求，有序地讲解各个知识点，使学习者能够全面、系统地了解所学专业的基本理论和实践技能。

信息量大：课堂讲授能够在较短的时间内传递大量的信息。教师通过讲解、举例、分析等方式，将知识点进行深入阐述，使学习者能够在有限的学习时间内获取更多的知识。

互动性较差：传统的课堂讲授模式以教师为中心，学习者的参与度相对较低。虽然教师会提问、引导学习者思考，但大部分时间学习者处于被动接受状态。因此，课堂讲授模式需要结合其他教学方法，以提高学习者的参与度和积极性。

传授速度可调节：教师可以根据学习者的反应和掌握程度，适时调整讲授速度。对于学习者较难理解的知识点，教师可以放慢讲解速度，反复解释，以确保学习者能够较好地掌握。

便于总结和复习：课堂讲授有利于学习者对所学知识进行总结和复习。学习者可以通过记笔记、整理资料等方式，对教师讲解的内容进行梳理，形成自己的知识体系。

尽管课堂讲授存在一定的局限性，但它仍然是职业教育中不可或缺的教学方式。为了提高课堂讲授的效果，教师可以结合现代教育技术，如多媒体、网络等资源，丰富教学手段，提高学习者的学习兴趣和参与度。同时，教师还应关注学习者的个体差异，因材施教，使课堂讲授更加符合学习者的需求。

2. 实验操作

实验操作是职业教育中的一种重要教学方式，它能够帮助学习者在教师的指导下进行实际操作，从而巩固理论知识，提高实践能力。以下是实验操作在职业教育中的具体作用和意义。

巩固理论知识：实验操作是对课堂讲授的理论知识进行实践验证的过程。通过实际操作，学习者能够将抽象的理论知识具体化，加深对知识的理解和记忆。同时，实验操作还能够帮助学习者发现和解决理论学习中的疑问，使他们对知识有更深刻的认识。

提高实践能力：实验操作能够培养学习者的动手能力和实际操作能力。在实验过程中，学习者需要亲自动手操作，观察实验现象，分析问题，并采取相应措施解决问题。这种实践操作能够提高学习者的实践能力，使他们在实际工作中能够熟练运用所学知识。

培养观察力和思维能力：实验操作要求学习者在实验过程中仔细观察实验现象，分析问题。这种观察和分析过程能够培养学习者的观察力和逻辑思维能力，使他们能够更好地理解和解决问题。

培养团队合作精神：在实验过程中，学习者需要相互配合，共同完成实验任务。这种团队合作能够培养学习者的团队合作精神，提高他们的沟通协作能力。

激发学习兴趣：实验操作让学习者亲身体验实践过程，能够激发他们对学习的兴趣。在实验过程中，学习者能够感受到知识的实际应用，看到学习成果，从而增强学习的积极性和主动性。

提高创新能力：实验操作为学习者提供了自主探索的空间。在实验过程中，学习者可以根据自己的思路进行实验设计，尝试解决问题。这种自主探索能够培养学习者的创新能力，使他们能够在新情境中灵活运用所学知识。

总之，实验操作在职业教育中具有重要意义。通过实验操作，学习者能够将理论知识与实践相结合，提高他们的实践能力和创新能力。因此，职业教育应重视实验操作环节，为学习者提供充足的实验机会，培养他们的实践能力。同时，教师也应引导学习者积极参与实验操作，提高学习者的实践素养。

3. 实习实训

实习实训是职业教育中的一种重要教学方式，它能够让学习者在企业或实训基地进行实际操作，从而培养职业技能。以下是实习实训在职业教育中的具体作用和意义。

实际操作：实习实训让学习者亲身体验实际工作中的操作，将理论知识应用到实践中。通过实际操作，学习者能够更好地理解理论知识，提高实践能力。

职业技能培养：实习实训是培养学习者的职业技能的重要途径。在实际工作中，学习者能够学到专业技能，掌握工作流程，培养职业素养。

了解企业文化：实习实训让学习者亲身感受企业文化和工作环境，帮助他们更好地适应未来工作的要求。

建立人脉关系：在实习实训的过程中，学习者有机会与企业员工交流，建立良好的人脉关系，为未来的就业打下基础。

提高就业竞争力：实习实训能够让学习者提前适应社会工作，提高就业竞争力。在求职过程中，有实习实训经验的学习者更容易获得企业的青睐。

职业规划明确：实习实训使学习者更加了解自己的职业兴趣和发展方向，为他们未来的职业规划提供明确的方向。

增强自我认知：实习实训让学习者认识到自己的优势和不足，激发他们自我提升的动力，为未来的职业生涯做好准备。

总之，实习实训在职业教育中具有重要意义。通过实习实训，学习者能够将理论知识与实践相结合，提高实践能力和职业技能。因此，职业教育应重视实习实训环节，为学习者提供充足的实习机会，培养他们的实践能力。同时，学校和企业应加强合作，为学习者提供更好的实习环境和发展空间。

## （二）现代教学方法

1. 项目教学法

项目教学法是一种创新的教学模式，以学习者为中心，注重培养学习者的实践能力和综合素质。在这种教学方法中，学习者通过参与和完成实际项目来学习，从而提高他们的独立工作能力、团队合作精神、问题解决能力和创新能力。

项目教学法的主要特点如下。

以学习者为中心：项目教学法将学习者置于教学活动的中心，让他们在实际项目中扮演重要角色，从而激发他们的学习兴趣和主动性。

实践性：项目教学法强调实践性，让学习者在实际操作中掌握知识，培养他们的动手能力和实践能力。

团队合作：项目教学法鼓励学习者分工合作，共同完成项目任务，培养他们的团队合作精神和沟通能力。

问题解决：项目教学法通过设置真实的项目情境，让学习者在面对问题时，运用所学知识进行分析、制定解决方案并实施，从而提高他们的问题解决能力。

创新能力：项目教学法鼓励学习者在项目过程中发挥创新思维，提出新的观点和解决方案，培养他们的创新能力。

评估与反馈：项目教学法注重对学习者的项目成果进行评估和反馈，让学习者了解自己的优点和不足，从而不断调整学习策略，提高学习效果。

项目教学法的实施步骤如下。

项目立项：教师根据课程要求和学习者的兴趣，提出项目主题和目标，引导学习者明确项目任务。

项目策划：学习者分组讨论并制订项目计划，明确项目分工和进度安排。

项目实施：学习者在教师的指导下，按照项目计划进行实际操作，完成项目任务。

项目评估：对学习者的项目成果进行评估，包括项目完成质量、团队合作、问题解决和创新能力等方面。

反馈与改进：根据评估结果，为学习者提供反馈，帮助他们总结经验，提高实践能力。

项目教学法在培养学习者的独立工作能力、团队合作精神、问题解决能力和创新能力方面具有显著优势。然而，实施项目教学法也对教师提出了较高的要求，教师需要具备丰富的实践经验和项目管理能力，才能有效地指导学习者完成项目任务。此外，项目教学法对教学资源和环境也有一定要求，学校需要为学习者提供充足的学习资源和实践平台。

总之，项目教学法是一种具有较高实践性和创新性的教学模式，有助于培养学习者的综合素质和能力。在实施过程中，教师和学习者应共同努力，不断总结经验，提高项目教学法的效果。

2.案例教学法

案例教学法是一种极为有效的教学策略，它侧重于通过分析真实或模拟的案例来引导学习者学习和思考。这种方法将理论知识与实际情况相结合，使学习者能够在实践中深化对知识的理解，并提高他们的批判性思维和解决实际问题的能力。

在案例教学法中，教师扮演着关键的角色。教师需要精心挑选或设计案例，以确保案例既能够反映现实生活中的复杂情况，又能够有效地支持教学目标。一旦案例准备好，教师就会将其提供给学习者，并引导他们通过讨论、分析案例中的问题和决策过程来加深对理论知识的理解。

学习者在这个过程中是主体，他们需要积极参与，运用所学知识对案例进行分析。这不仅要求他们理解并应用理论知识，还要求他们发展批判性思维，从不同的角度审视案例，提出解决方案。这种方法有效地将学习者从被动接受知识转变为主动探索和实践知识。

案例教学法还有一个重要的培养方面是团队合作。在许多情况下，案例分析和讨论是在小组或团队中进行的。这种合作环境不仅促进了学习者之间的交流和协作，还鼓励他们从不同的视角看待问题，从而提高了他们的沟通能力和团队合作精神。

此外，案例教学法还能够帮助学习者发展解决实际问题的能力。通过分析案例，学习者可以学习如何将理论知识应用于具体的现实情境中，从而更好地理解理论知识的实际意义。这种方法使学习者能够在面对真实世界的问题时，更加自信和有准备。

总的来说，案例教学法是一种极具价值的教学方法，它不仅能够帮助学习者深化对理论知识的理解，还能够提高他们的批判性思维、解决实际问题的能力以及团队合作精神。通过这种方法，学习者能够在实践中学习，更好地为未来的职业生涯做好准备。

3. 工作过程导向教学法

工作过程导向教学法是一种创新的教学模式，以工作过程为核心，旨在模拟真实的工作环境，让学习者在实际工作过程中学习和掌握必要的知识和技能。这种教学方法有助于学习者更好地理解工作流程，培养他们的职业素养和实际操作能力。

工作过程导向教学法的核心理念是将学习与工作相结合，让学习者在真实或模拟的工作环境中亲自操作，从而提高他们的学习兴趣和积极性。这种教学模式强调学习者的实践操作，让他们在实际工作中学会解决问题、沟通协调和团队合作，培养他们的职业素养和实际操作能力。

在工作过程导向教学法中，教师的角色从传统的知识传授者转变为引导者和协助者。教师需要设计或选择合适的工作项目，为学习者提供实际工作场景，并指导他们完成工作任务。在这个过程中，教师要引导学习者运用所学知识解决实际问题，从而加深他们对理论知识的理解。

学习者在这个过程中是主体，他们需要在实际工作中学会独立思考、解决问题和承担责任。这种教学模式鼓励学习者发挥创新思维，提出新的观点和解决方案。同时，工作过程导向教学法还注重培养学习者的团队合作精神，让他们在团队协作中学会沟通协调，提高团队合作能力。

工作过程导向教学法具有以下优点。

提高学习者的学习兴趣：真实的工作环境使学习者能够直观地看到学习成果的应用效果，从而提高他们的学习兴趣。

培养学习者的实际操作能力：学习者在实际工作中学会解决问题，提高他们的动手能力和实践能力。

增强学习者的职业素养：模拟真实的工作环境有助于学习者了解企业文化，培养他们的职业素养和职业道德。

提高学习者的创新能力：实际工作过程中，学习者需要面对各种挑战，激发他们的创新思维和解决问题的能力。

培养学习者的团队合作精神：工作过程导向教学法强调团队合作，让学习者在团队协作中学会沟通协调，提高团队合作能力。

总之，工作过程导向教学法是一种以学习者为中心，注重实践和创新的教学方法。它能够有效地提高学习者的学习兴趣、实践能力和职业素养，为他们的未来职业生涯打下坚实基础。在实施过程中，教师和学习者应共同努力，不断总结经验，提高工作过程导向教学法的效果。

4. 网络教学法

网络教学法是利用网络平台和信息技术进行教学的方法，它提供了灵活的学习时间和地点，允许学习者通过在线课程、电子教材、远程讨论和虚拟实验室等资源进行自主学习和协作学习。这种教学方法特别适合在职人员和需要灵活的学习安排的学习者。

网络教学法这种依托于网络平台和信息技术的教学模式，正日益成为教育领域的重要趋势。这种方法打破了传统教学的时间和空间限制，为学习者提供了前所未有的学习灵活性、便捷性和自主性。在职人员和需要灵活的学习安排的学习者可以根据自己的时间安排和个人喜好，选择合适的课程和学习材料。这种灵活性使得他们能够更好地平衡工作、学习和家庭生活，提高学习效率。

此外，网络教学法还促进了学习者之间的协作和互动。通过在线讨论区、视频会议和协作工具，学习者可以与来自世界各地的同学进行交流和合作。这种跨地域的协作学习不仅拓宽了学习者的视野，也培养了他们的跨文化沟通能力和团队合作精神。在虚拟实验室等互动环境中，学习者还可以进行实验操作，模拟真实实验过程，增强实践经验。

网络教学法对教师也提出了新的要求。教师需要具备一定的技术能力和网络教学技巧，能够设计和维护在线课程，提供有效的在线指导和评估。同时，教师也需要适应网络教学环境下的教学方式转变，从传统的知识传授者转变为学习引导者和辅导者。他们需要通过在线论坛、邮件和视频会议等方式与学习者保持沟通，提供个性化的支持和反馈。

尽管网络教学法带来了许多优势，但也存在一些挑战。例如，学习者可能面临网络连接不稳定、技术问题等技术障碍，网络教学环境中的学习者自律和时间管理也是一个问题。因此，教师和学习者都需要积极应对这些挑战，寻找合适的解决方案，提高网络教学的效果。

总之，网络教学法是一种适应现代社会需求的教学模式，它通过提供灵活的学习时间和地点以及丰富的在线资源，为学习者的自主学习和协作学习创造了良好的条件。这种教学方法不仅适合在职人员和需要灵活的学习安排的学习者，也为他们提供了更多的学习机会和选择。随着技术不断进步和网络普及，网络教学法有望在未来的教育领域发挥更加重要的作用。

这些现代教学方法的应用可以提高职业教育的实践性和实用性，使学习者更好地进入职场。通过结合这些方法，职业教育可以更好地满足学习者的个性化学习需求，培养他们的创新能力和适应能力。

## 二、职业教育教学方法的选择依据

### （一）课程特点

课程特点是教学方法选择的首要依据。不同的课程内容和要求需要不同的教学方法来达到最佳教学效果。例如，理论性较强的课程可能更适合传统的讲授法，而实践性较强的课程则需要采用项目教学法、案例教学法或实习实训等教学方法。

1.理论课程教学方法

对于理论性较强的课程，讲授法是一种常见的教学方法，因为它可以帮助学习者系统地理解和记忆理论知识。

讲授法的优点在于能够高效地传递大量信息。教师可以根据课程的逻辑结构，有序地讲解知识点，使学习者能够系统地理解和掌握理论知识。此外，讲授法还能够帮助学习者建立知识框架、理清思路，为后续的学习和实践打下基础。

讲授法也有其局限性。由于学习者主要是通过听讲来接收信息，他们的参与度和互动性可能较低。此外，讲授法可能无法充分满足学习者的个性化学习需求，因为教师无法同时适应不同学习者的学习速度和风格。

为了克服这些局限性，教师可以结合其他教学方法，如案例教学法、讨论法和实践活动等，以丰富教学手段。通过将这些方法与讲授法相结合，教师可以激发学习者的兴趣，提高他们的参与度和互动性，同时也能够更好地满足学习者的个性化学习需求。

总之，讲授法是一种理论性较强的课程中常见的教学方法，它能够帮助学习者系统地理解和记忆理论知识，为了提高教学效果，教师可以结合其他教学方法激发学习者的兴趣，提高他们的参与度和互动性，使学习者能够在更加全面和深入的基础上掌握知识，为未来的学习和工作打下坚实的基础。

2. 实践课程教学方法

实践性较强的课程则可能需要更多的动手操作和实际应用，因此项目教学法、案例教学法或实习实训等教学方法更为合适。这些方法可以让学习者在实际工作中应用所学知识，提高职业技能和实际操作能力。

项目教学法是一种以完成实际项目为主要教学内容的方法。在项目教学法中，学习者通过参与项目的整个生命周期，包括项目策划、实施和评估等环节，来提高他们的实践能力和综合素质。这种方法有助于培养学习者的团队合作精神、创新能力和解决问题的能力。

案例教学法是一种通过分析真实或虚构的案例来引导学习者进行学习和讨论的方法。在案例教学法中，学习者可以通过分析案例中的问题和挑战，提出解决方案，并锻炼自己的批判性思维和决策能力。这种方法有助于培养学习者的分析能力和判断力，使他们能够更好地应对实际工作中的问题。

实习实训是一种将学习者安排到实际工作环境中进行学习和实践的方法。通过实习实训，学习者可以亲自参与工作流程，了解企业文化，熟悉工作岗位，提高自己的职业技能和实际操作能力。这种方法有助于培养学习者的职业素养和职业道德，使他们能够更好地适应未来的职业生涯。

为了提高实践性较强的课程的教学质量，教师可以灵活运用这些教学方法，并结合实际情况进行调整。同时，教师还需要关注学习者的学习进度和需求，提供及时的指导和反馈，帮助他们更好地掌握实际操作技能。

总之，实践性较强的课程需要更多的动手操作和实际应用，项目教学法、案例教学法或实习实训等教学方法能够让学习者在实际工作中应用所学知识，提高职业技能和实际操作能力。教师应灵活运用这些教学方法，关注学习者的学习需求，提高教学质量，为学习者的未来发展奠定坚实的基础。

3. 创新课程教学方法

对于需要培养创新能力和问题解决能力的课程，可以采用问题解决法、讨论法或合作学习法等教学方法，以激发学习者的思考能力和创造力。

问题解决法是一种以解决问题为核心的教学方法。教师通过提出实际问题或情境，引导学习者进行思考和探究，激发他们的创新思维和解决问题的能力。学习者需要通过分析问题、提出假设、设计和实施解决方案的过程，来培养他们的创新能力和解决问题的能力。

讨论法是一种通过学习者之间的交流和讨论来促进学习的教学方法。教师可以组织学习者就某个话题或问题进行讨论，鼓励他们发表自己的观点和想法，激发他们的思考能力和创造力。通过讨论，学习者可以相互启发，取长补短。

合作学习法是一种以学习者合作完成任务为核心的教学方法。教师可以将学习者分成小组，让他们合作完成某个项目或任务。在合作过程中，学习者需要相互沟通、协作和解决问题，从而培养他们的创新能力和团队合作精神。合作学习法还可以促进学习者之间的交流和互助，提高他们的学习效果。

为了提高培养创新能力和问题解决能力的课程的教学质量，教师可以灵活运用这些教学方法，并结合实际情况进行调整。同时，教师还需要关注学习者的学习进度和需求，提供及时的指导和反馈，帮助他们更好地掌握解决问题的方法。

总之，对于需要培养创新能力和问题解决能力的课程，采用问题解决法、讨论法或合作学习法等教学方法，能够激发学习者的思考能力和创造力。教师应灵活运用这些教学方法提高教学质量，为学习者的未来发展奠定坚实的基础。

因此，在选择教学方法时，教师需要根据课程的特点和目标，以及学习者的需求和背景，灵活选择和组合不同的教学方法，以达到最佳的教学效果。

### （二）学习者需求

学习者的需求是教学方法选择的重要考虑因素。不同的学习者有不同的学习风格、知识背景和职业发展需求。因此，教学方法应根据学习者的特点进行选择，以满足他们的个性化学习需求。例如，对于自主学习能力较强的学习者，可以采用自学辅导法或网络教学法。

在职业教育教学中，学习者的个性化学习需求尤为重要，因为职业教育的目标不仅仅是传授知识，更重要的是培养学习者的职业技能和实际操作能力。以下是一些考虑学习者需求的教学方法。

1. 自学辅导法

自学辅导法是一种以学习者自主学习为核心的教学方法。这种方法适用于自主学习能力较强的学习者，教师在这种教学方法中扮演着辅导者和引导者的角色。

在自学辅导法中，教师需要为学习者提供学习资料，这些资料包括教材、学术论文、网络资源等。学习资料应具有针对性和实用性，能够帮助学习者掌握课程的核心知识和技能。此外，教师还可以提供一些指导学习策略，如时间管理、学习计划、笔记技巧等，以帮助学习者更高效地自主学习。

在学习过程中，学习者需要定期进行自我评估，以检查自己的学习进度和理解程度。同时，教师也会进行定期的辅导，解答学习者在学习中遇到的问题，并提供针对性的建议和指导。这种辅导可以是个人的，也可以是小组的，取决于学习者的需求和课程的性质。

通过自学辅导法，学习者能够培养自主学习的能力和习惯，提高他们的学习效果和综合素质。同时，教师也能够更好地发挥自己的角色，为学习者提供有针对性的辅导和指导，帮助他们实现学习目标。

总之，自学辅导法是一种以学习者自主学习为核心的教学方法，通过教师提供学习资料、指导学习策略和定期辅导评估，帮助学习者自主完成学习任务。这种方法既能够培养学习者的自主学习能力，又能够提高教师的教学效果，是一种高效的教学方法。

2. 网络教学法

网络教学法是一种利用在线平台和资源进行教学的方法，它为学习者提供了灵活的学习时间和环境，适合有不同时间和空间需求的学习者。同时，这种教学方法也便于学习者根据自己的进度进行学习，从而提高学习效果。

在网络教学法中，教师可以通过在线平台发布课程内容、学习任务和作业，学习者可以随时随地通过互联网访问这些资源进行学习。这种灵活性使得学习者不再受限于传统的课堂时间。

网络教学法可以通过在线讨论区、聊天工具等方式提供学习者之间的交流和合作平台。学习者可以在这些平台上进行讨论、提问和分享学习经验，从而促进学习者之间的互动和合作。这种互动不仅可以提高学习者的学习动力，还可以培养他们的团队合作能力和沟通能力。

网络教学法还便于教师跟踪学习者的学习进度和成绩。教师可以通过在线平台对学习者的学习成果进行评估和反馈，及时了解学习者的学习情况，并提供针对性的指导和支持。这种及时的反馈和指导有助于学习者更好地掌握知识和发展自己的能力。

当然，网络教学法也存在一些挑战，如学习者的自律性、网络的稳定性和安全性等问题。因此，教师在实施网络教学法时需要考虑到这些因素，并采取相应的措施来解决这些问题，如设置学习计划、提供技术支持等。

总之，网络教学法是一种利用在线平台和资源进行教学的方法，便于学习者根据自己的进度进行学习，提高学习效果。教师应灵活运用网络教学法，关注学习者的学习需求和挑战，提高教学质量，为学习者的未来发展奠定坚实的基础。

3. 分层次教学法

分层次教学法是一种根据学习者的知识水平和能力进行分层次教学的方法。这种教学方法的核心理念是因材施教，即根据每个学习者的特点和需求提供适合其发展需求的教学内容。

在分层次教学法中，教师首先需要对学习者的知识水平和能力进行评估，了解每个学习者的特点和需求。这可以通过考试、测验、作业等方式进行。根据评估结果，教师可以将学习者分为不同层次，如基础层、提高层和高级层等。

接下来，教师需要为不同层次的学习者提供适合其发展需求的教学内容。对于基础层的学习者，教师需要注重基础知识的教学和巩固，提供较为简单的教学内容和例子。对于提高层的学习者，教师可以适当增加教学内容的难度和深度，引导他们进行更深入的思考和探究。对于高级层的学习者，教师可以提供更为高级和深入的教学内容，引导他们进行创新和研究。

分层次教学法的好处在于，它能够满足不同层次学习者的学习需求，提高他们的学习效果和综合素质。对于基础层的学习者，分层次教学法可以帮助他们打好基础，建立自信，逐步提高学习水平。对于提高层和高级层的学习者，分层次教学法可以提供更多的挑战和机会，激发他们的学习兴趣和潜能，培养他们的创新能力和解决问题的能力。

当然，分层次教学法也存在一些挑战，如如何准确评估学习者的知识水平和能力、如何设计适合不同层次学习者的教学内容和例子等。因此，教师在实施分层次教学法时需要具备一定的专业知识和经验，并不断进行教学研究和反思，以提高教学效果。

总之，分层次教学法是一种根据学习者的知识水平和能力进行分层次教学的方法，它能够满足不同层次学习者的学习需求。教师应灵活运用分层次教学法，提供适合的教学内容，为学习者的未来发展奠定坚实的基础。

4. 模块化教学法

模块化教学法是一种将课程内容分解为多个模块的教学方法。这些模块通常是围绕特定的主题或技能展开，每个模块都包含一系列相关的学习材料和活动。与传统的线性教学法相比，模块化教学法提供了更大的灵活性和个性化学习体验。

在模块化教学法中，学习者可以根据自己的兴趣、职业规划或学习需求选择相应的模块进行学习。这种方法有助于学习者根据自己的实际情况进行有针对性的学习，提高学习效果和实用性。

每个模块通常包含一系列的学习材料，如教材、文章、视频、案例研究等，以及相关的学习活动和任务。这些活动和任务旨在帮助学习者深入理解和掌握模块所涉及的主题或技能。学习者可以自主选择学习的时间和地点，根据自己的节奏进行学习，从而更好地适应自己的学习需求和时间安排。

模块化教学法还有助于学习者培养自主学习和自我管理的能力。学习者需要自主选择模块、制订学习计划、管理学习时间，并对自己所学内容进行评估和反思。这种自主学习的过程可以培养学习者的独立思考能力、问题解决能力和自我激励能力。

此外，模块化教学法还可以提供更多的学习资源和扩展学习机会。学习者可以根据自己的兴趣和需求选择相关的模块进行深入学习，探索更多的学习资料和学术研究成果。这种个性化的学习路径可以激发学习者的学习兴趣，促进他们的创新思维和批判性思维的发展。

当然，模块化教学法也存在一些挑战。首先，学习者可能面临选择过多而无法做出决策的问题。其次，学习者可能需要具备一定的自主学习能力和自律性才能有效地进行模块化学习。此外，教师需要花费更多的时间和精力来设计和更新模块内容，确保其与学习者的实际需求以及行业发展步调一致。

总之，模块化教学法是一种将课程内容分解为多个模块的教学方法，有助于学习者根据自己的实际情况进行有针对性的学习。教师应灵活运用模块化教学法，提供多样化的模块选择和学习资源，培养学习者的自主学习能力和综合素质。

5. 工作导向教学法

工作导向教学法是一种以实际工作环境为基础的教学方法。这种方法的核心理念是让学习者在模拟的工作场景中学习和应用知识，从而提高他们的实践能力和职业技能。工作导向教学法特别适合那些需要大量实践性学习的职业技能培训，如工程技术、护理、市场营销等。

在工作导向教学法中，教师会模拟真实的工作环境，为学习者提供类似于真实职场的情境。这些情境包括实验、实习、项目、案例研究、模拟演练等。学习者在工作场景中，可以亲自体验工作的过程和挑战，学习如何将理论知识应用到实际工作中。

通过模拟真实的工作环境，学习者可以了解和熟悉职场中的规范、流程和文化，提高他们的职业适应能力和沟通能力。同时，学习者还可以学习如何解决问题、做出决策、团队合作等实际工作中所需的技能，从而提高他们的职业竞争力。

工作导向教学法还有助于学习者建立实际工作经验和人脉关系。在模拟工作场景中，学习者可以与同行进行合作和交流，建立自己的人脉网络。这种人脉关系对于学习者未来的职业发展具有重要意义，可以帮助他们找到工作机会、获得行业信息和支持。

当然，工作导向教学法也存在一些挑战。首先，模拟工作环境可能无法完全还原真实工作中的所有情境和挑战，学习者可能无法完全做好准备。其次，这种教学方法需要教师具备相关的行业经验和实践能力，以设计和指导学习者的实践活动。此外，工作导向教学法可能需要更多的资源和时间投入，以建立和维护模拟工作环境。

总之，工作导向教学法是一种以模拟实际工作环境为基础的教学方法，适用于那些需要大量实践性学习的职业技能培训。教师应灵活运用工作导向教学法，模拟实际工作中的情境和挑战，为学习者的未来发展奠定坚实的基础。

### 6. 翻转课堂

翻转课堂是一种创新的教学模式，它颠覆了传统的教学方式，将课堂讲授和作业练习的时间和地点进行了颠倒。在这种教学模式下，学习者需要在课前通过视频、在线课程、阅读材料等方式自学理论知识，而在课堂上则更多地进行讨论、实践操作和互动交流。

翻转课堂的核心目的是提高学习者的学习主动性和参与度，培养他们的自主学习能力和批判性思维。通过将学习理论知识的部分放在课前，学习者可以自主安排学习时间和节奏，根据自己的需求和理解程度进行学习。这种自主学习的过程可以激发学习者的学习兴趣，提高他们的学习效果和综合素质。

在翻转课堂的模式下，课堂上的时间更多地用于讨论和实践操作。学习者可以将在课前自学到的理论知识与同学和教师进行分享和讨论，共同探讨问题的深层次含义和应用。这种讨论可以促进学习者之间的交流和合作，培养他们的团队协作能力和沟通能力。同时，课堂上还可以进行实践操作，让学习者亲自动手进行实验、案例分析、模拟演练等，将理论知识应用到实际中。这种实践操作可以提高学习者的实际操作能力和解决问题的能力，使他们更好地适应未来的职业发展。

翻转课堂的实施需要教师进行角色的转变。教师不再是课堂上的主导者，而是学习者的指导者和协助者。教师需要设计和提供高质量的自学材料，引导学习者进行有效的自主学习。同时，教师还需要在课堂上引导学习者进行讨论和实践操作，提供及时的指导和反馈。这种角色的转变对教师的专业素养和教学能力提出了更高的要求。

当然，翻转课堂也面临一些挑战。首先，学习者可能需要具备一定的自主学习能力和自律性才能有效地进行翻转学习。其次，教师需要花费更多的时间和精力来设计和更新自学材料，以及进行课堂上的讨论和指导。此外，翻转课堂对学校的教学资源和设施也提出了更高的要求，如提供稳定的网络环境、多媒体教学设备等。

总之，翻转课堂是一种创新的教学模式，它将课堂讲授和作业练习的时间和地点进行了颠倒，提高了学习者的学习主动性和参与度。教师应灵活运用翻转课堂的教学模式，提供高质量的助学材料和指导，为学习者的未来发展奠定坚实的基础。

通过这些多样化的教学方法，教师可以更好地满足不同学习者的需求，促进他们的个性化学习和职业发展。

## （三）教师专业背景

教师的专业背景和教学经验对教学方法的选择也有很大影响。教师应根据自己的专业知识和教学经验，选择最适合课程教学的方法。例如，具有丰富实践经验的教师可以更好地指导实习实训，而理论研究背景深厚的教师可能更适合讲授法。

以下是教师的专业背景和教学经验如何影响教学方法选择的几个方面。

1. 实践经验

实践经验在教育领域中起着至关重要的作用，尤其是在职业教育和技能培训方面。具有丰富实践经验的教师能够将实际案例和经验融入到教学中，使得课程内容更加生动和实用。这种教学方式不仅能够提高学习者的学习兴趣和参与度，还能够帮助他们更好地理解和掌握所学知识。

首先，具有实践经验的教师能够将理论知识与实际案例相结合，使课程内容更加贴近实际。通过分享自己在行业中的实际经验和案例，教师能够让学习者更好地理解理论知识的应用和实际意义。例如，在市场营销课程中，教师可以分享自己成功或失败的营销案例，让学习者了解市场营销的策略和技巧，并从中吸取经验和教训。

其次，实践经验丰富的教师能够更好地指导实习实训等实践性较强的课程。他们能够提供真实的行业视角和实际操作技巧，帮助学习者在实际操作中掌握技能。例如，在工程技术课程中，教师可以指导学习者进行实际操作，分享自己在工程实践中的经验和技巧，帮助学习者提高实际操作能力。

再次，具有实践经验的教师还能够培养学习者的创新能力和解决问题能力。他们能够引导学习者将理论知识应用到实际问题中，激发学习者的思维和创造力。例如，在企业管理课程中，教师可以引导学习者参与实际的企业项目，让学习者面对实际问题，培养他们解决问题的能力和创新思维。

当然，实践经验的丰富程度并不是唯一决定教师教学效果的因素。教师还需要具备良好的教学能力和沟通技巧，才能够将实践经验有效地传递给学习者。此外，教师还需要不断更新自己的知识和技能，保持与行业同步，以便更好地指导学习者。

总之，具有丰富实践经验的教师能够将实际案例和经验融入到教学中，使得课程内容更加生动和实用。他们能够更好地指导实习实训等实践性较强的课程，提供真实的行业视角和实际操作技巧。这种教学方式有助于培养学习者的学习兴趣、实际操作能力和创新思维。因此，教育机构应鼓励教师积累实践经验，并提供相应的培训和支持，以提高教师的教学质量和培养学习者的综合素质。

2. 理论研究

理论研究对于理论性较强的课程至关重要。具有深厚理论研究背景的教师能够更加深入地讲解和阐释抽象的概念和理论，使学习者能够更好地理解和掌握这些知识。他们的专业知识可以帮助学习者建立起扎实的理论基础，为他们将来的研究和实践打下坚实的基础。

在理论性较强的课程中，教师通常需要具备深厚的学术背景和研究经验。他们应该对所教授的领域有深入的了解，并且能够熟练地运用相关理论进行分析和解释。这样的教师能够将复杂的理论概念以简洁、清晰的方式呈现给学习者，帮助他们理解理论的本质和应用。

具有深厚理论研究背景的教师还能够提供最新的研究成果和学术动态。他们可以通过引入最新的研究论文、案例和数据，使学习者了解所学理论的最新发展，从而激发他们的学术兴趣和探索精神。这种与时俱进的教学方式有助于培养学习者的学术素养和批判性思维能力。

理论研究背景深厚的教师还能够引导学习者进行深入的思考和研究。

他们可以提出引人深思的问题，激发学习者对理论的质疑和探索，培养学习者的独立思考能力和研究能力。在课堂讨论中，他们能够引导学习者运用理论知识分析和解决实际问题，提高学习者的应用能力和创新思维。

当然，具有深厚理论研究背景的教师也需要注意教学的平衡。他们应该在讲解理论知识的同时，关注学习者的学习反馈和理解程度，避免过于深入和抽象的讲解使学习者感到难以跟上。此外，教师还可以通过结合实际案例、实验演示等方式，使理论教学更加生动和具体，提高学习者的学习兴趣和参与度。

总之，具有深厚理论研究背景的教师在理论性较强的课程中发挥着重要作用。他们能够帮助学习者建立起扎实的理论基础。因此，教育机构应重视对理论研究背景深厚的教师的培养和发展，为他们提供良好的教学环境和资源支持，以提高教师的教学质量和培养学习者的综合素质。

3. 教学技巧

教学技巧是教师在教学过程中运用的一系列方法和策略，它对于提高教学效果和学习者的学习兴趣至关重要。经验丰富的教师通常拥有多种教学技巧和方法，可以根据学习者的反应和课程的进展灵活调整教学策略。他们能够更好地管理课堂，创造积极的学习氛围，并有效地促进学习者的学习。

首先，经验丰富的教师善于运用多样化的教学方法。他们可以根据课程的性质和学习者的特点，采用讲授、讨论、小组合作、案例分析、实验等多种教学方式。例如，在讲授历史课程时，教师可以通过展示历史事件的相关影像资料，使学习者更直观地了解历史背景，激发他们的学习兴趣。在数学课程中，教师可以引导学习者通过小组合作解决数学问题，培养他们的团队合作能力和解决问题的能力。

其次，经验丰富的教师擅长课堂管理。他们能够有效地组织课堂活动，确保教学秩序良好。例如，在课堂讨论环节，教师可以引导学习者有序地发表自己的观点，尊重不同意见，培养学习者的批判性思维和表达能力。此外，教师还可以通过设置合理的课堂规则和奖惩机制，激励学习者积极参与课堂活动，提高学习效果。

再次，经验丰富的教师注重创造积极的学习氛围。他们善于运用鼓励性语言，关注学习者的成长和进步，使学习者在课堂上充满自信。例如，在学习者回答问题时，教师可以使用肯定的语言，如"很好""很有创意"，以鼓励学习者继续努力。同时，教师还会关注学习者的个体差异，给予不同水平的学习者适当的指导和帮助，使他们在课堂上都能得到有效的学习。

最后，经验丰富的教师还善于运用现代教育技术手段，如多媒体、网络等资源，丰富教学内容和形式。他们可以利用这些技术手段为学习者提供更加生动、直观的学习材料，帮助学习者更好地理解和掌握知识。例如，在科学课程中，教师可以利用虚拟实验室软件，让学习者在虚拟环境中进行实验操作，提高他们的实践能力。

总之，经验丰富的教师在教学技巧方面具有明显优势。他们能够根据学习者的反应和课程进展灵活调整教学策略，更好地管理课堂，创造积极的学习氛围，并有效地促进学习者的学习。教育部门和学校应重视对教师教学技巧的培养和提升，鼓励教师相互交流学习，不断提高教学质量，为学习者的全面发展奠定基础。

4. 技术应用

随着教育技术的发展，教师需要掌握并应用各种教学工具和平台，以提高教学效果和学习者的学习兴趣。具有现代教育技术背景的教师能够更好地利用这些工具来丰富教学手段，如使用多媒体教学、在线学习平台等。

首先，多媒体教学作为一种新型的教学手段，可以将文字、图片、音频、视频等多种信息载体融合在一起，使教学内容更加生动、直观。具有现代教育技术背景的教师可以充分利用多媒体教学工具，如 PPT、动画、视频等，将抽象的理论知识以形象、生动的方式呈现给学习者，提高他们的学习兴趣和理解能力。

其次，在线学习平台为教师提供了更加灵活的教学方式和丰富的教学资源。教师可以通过在线学习平台进行课程发布、作业布置、测试管理等操作，使教学活动不受时间和地点的限制。同时，教师还可以通过在线学习平台为学习者提供丰富的学习资源，如电子书籍、学术论文、案例分析等，帮助学习者更好地理解和掌握知识。

再次，具有现代教育技术背景的教师还能够运用信息技术进行教学创新。例如，他们可以利用人工智能、大数据等技术手段，分析学习者的学习数据，为学习者提供个性化的学习建议和辅导。同时，教师还可以通过虚拟现实、增强现实等技术，为学习者提供更加真实的互动学习体验，提高学习者的实践能力和创新能力。

当然，应用现代教育技术并非易事。教师需要不断学习和更新知识，掌握各种教学工具和平台的使用方法。此外，教师还需要关注学习者的学习反馈，评估教学效果，以便更好地调整教学策略。在这个过程中，学校和教育部门应给予教师充分的支持和培训，帮助他们提高教育技术应用能力。

总之，现代教育技术在教学中的应用具有重要意义。具有现代教育技术背景的教师能够更好地利用各种教学工具和平台，丰富教学手段，提高教学效果。教育部门和学校应重视对教师教育技术的培养和提升，以促进教育现代化和学习者的全面发展。

5. 跨学科能力

在当今多元化和跨学科的教育环境中，教师如果能够跨越不同学科，将不同领域的知识整合到教学中，可以为学习者提供更全面的教育体验。

这种跨学科能力对于教师来说至关重要，它不仅要求教师具备广泛的知识面，还需要他们具备灵活的思维方式和创新的教学方法。

首先，跨学科能力可以使教师在教学中突破单一学科的局限，将不同学科的知识进行整合，从而提高学习者的综合素质。例如，在教授历史课程时，教师可以结合地理、政治、文化等相关知识，使学习者更全面地了解历史事件的发展背景和影响。在科学课程中，教师可以将物理、化学、生物等学科的知识进行整合，帮助学习者建立系统的科学体系。

其次，跨学科能力有助于培养学习者的创新思维和解决问题的能力。在现实生活中，许多问题都需要运用多个学科的知识来解决。具有跨学科能力的教师可以为学习者提供丰富的案例和实践机会，引导他们运用多学科知识分析和解决问题，提高学习者的创新能力和实践能力。

再次，对跨学科能力的需求还可以促进教师之间的交流与合作。教师可以共享不同学科的教学资源和方法，共同探讨教学问题，提高教学质量。同时，跨学科合作也有助于培养学习者的团队合作精神，使他们能够在多元化的环境中更好地与他人合作，提高沟通能力。

当然，要具备跨学科能力并非易事。教师需要不断学习和积累知识，拓宽自己的知识面。此外，教师还需要具备灵活的思维方式和开放的学术态度，愿意接受和尝试新的教学方法和理念。在这个过程中，学校和教育部门应给予教师充分的支持和培训，鼓励他们开展跨学科教学，为学习者提供更加全面和丰富的教育体验。

总之，在多元化和跨学科的教育环境中，跨学科能力对于教师来说具有重要意义。具备跨学科能力的教师能够为学习者提供更全面的教育体验，培养他们的创新思维和实践能力。教育部门和学校应重视对教师跨学科能力的培养和提升，以促进教育的发展和学习者的全面发展。

综上所述，教师的专业背景和教学经验是他们选择和运用教学方法的宝贵资源。教师应该根据自己的优势和课程的需求，选择最合适的教学方法，以提高教学效果和学习者的学习成果。

## （四）教学资源条件

教学资源条件是实施教学方法的物质基础。教学方法的选择应考虑现有的教学资源，如实验设备、网络环境、教材资源等。例如，如果学校拥有先进的网络设施和在线教学平台，可以采用网络教学法；如果学校有完善的实验室和实训基地，可以采用实验操作和实习实训等教学方法。

教学资源条件直接影响教学方法的选择和教学效果的实现。以下是教学资源如何影响教学方法选择的几个方面。

1. 网络教学法

网络教学法是一种依托于现代信息技术的教育模式，它充分利用互联网和数字技术，为学习者提供了一种灵活、便捷的学习方式。在这种教学模式下，学校若拥有先进的网络设施和在线教学平台，将能更好地发挥教师的作用，满足学习者的多样化学习需求。

首先，网络教学法可以通过视频会议的方式进行远程教学。在这种模式下，教师和学习者可以通过网络摄像头进行实时互动，就像面对面授课一样。这使得地理位置不再成为限制，学习者可以在任何有网络的地方参加课程，这对于那些因为交通、健康等原因无法到校的学习者来说，无疑提供了极大的便利。

其次，在线讨论是网络教学法的一个重要组成部分。通过在线论坛、聊天软件等工具，学习者可以在课后继续就课程内容进行讨论，教师也可以在这些平台上回答学习者的问题，提供个性化的指导。这种互动方式不仅有助于学习者更好地理解和消化知识，也能培养他们的沟通能力和团队协作精神。

再次，数字化教材应用也是网络教学法的一大特色。与传统的纸质教材相比，数字化教材更加环保、易于更新和分享。教师可以在在线教学平台上发布电子教案、课件、视频等资源，学习者可以随时查阅和下载，根据自己的学习进度进行自主学习。

此外，网络教学法还可以使教师通过在线测试、作业提交等方式，对学习者的学习情况进行实时跟踪和评估。教师可以根据学习者的答题情况和作业表现，及时调整教学策略，提高教学效果。

当然，网络教学法也面临一些挑战，如技术设备的维护和更新、网络教学环境的优化、教师网络教学能力的提升等。学校和教育部门需要投入相应的资源和精力解决这些问题，以充分发挥网络教学法的优势。

总之，网络教学法是一种适应现代信息社会的教育模式，它通过先进的网络设施和在线教学平台，为学习者提供了灵活的学习时间和环境，有助于提高教学质量和学习者的学习效果。学校和教育部门应积极探索和实践网络教学法，不断优化教学资源和服务，以满足不同学习者的需求，促进教育信息化和教育现代化的发展。

2. 实验操作和实习实训

实验操作和实习实训是职业教育和高等教育中极为重要的教学方法。它们通过提供实际操作的机会，使学习者能够将理论知识应用于实践中，从而加深对专业知识的理解，并提高职业技能和实际操作能力。如果学校配备了完善的实验室和实训基地，将为教师实施这些教学方法提供极好的条件。

首先，实验室是进行科学实验和探索研究的重要场所。在实验室中，教师可以指导学习者进行各种实验操作，从基础的实验技能训练到复杂的科研项目，都能在实验室中得到实践。通过实验操作，学习者不仅可以验证理论知识，还可以学习如何使用实验设备，掌握实验设计和数据分析的方法，这些技能对于他们未来的学术研究和职业发展都具有重要意义。

其次，实习实训是让学习者在真实或模拟的工作环境中进行实践教学的活动。这种教学方法可以为学习者提供全面的职业技能训练，使他们能够在实际工作中应用所学知识，解决实际问题。实习实训通常与企业合作进行，学习者可以在企业或机构中进行实习，获得真实的工作经验。这种模式不仅有助于学习者了解行业现状和趋势，还能增强他们的职业素养和团队协作能力。

此外，实验操作和实习实训还可以帮助学习者培养创新思维和解决问题能力。在实际操作中，学习者可能会遇到各种预料之外的问题，需要他们运用创造性思维去解决。这种经验对于学习者未来的职业生涯是非常宝贵的，因为它使他们在面对挑战时，能够灵活应对，找到有效的解决方案。

当然，要实施实验操作和实习实训教学方法，学校需要投入相应的资源和设施。实验室需要配备先进的实验设备和技术支持，实训基地需要模拟真实的工作环境，并提供必要的安全措施。同时，教师也需要具备相应的实践经验和指导能力，以便有效地指导学习者进行实验和实习。

总之，实验操作和实习实训是提高学习者职业技能和实际操作能力的重要教学方法。学校应充分利用完善的实验室和实训基地，为学习者提供实际操作的机会，使他们能够在实践中学习和应用知识，为未来的职业生涯打下坚实的基础。

3. 多媒体教学

多媒体教学是一种将文字、图片、音频、视频等多种媒体信息集于一体的教学方式，它能够有效地丰富教学手段，提高学习者的学习兴趣和参与度。如果学校配备了充足的多媒体设备和教学资源，教师就可以充分发挥多媒体教学的优势，为学习者提供更加生动、直观的学习体验。

首先，多媒体课件可以帮助教师将抽象的理论知识以图形、动画等形式展示出来，使得知识更加形象、直观。例如，在讲解复杂的概念或原理时，教师可以通过多媒体课件展示相关的图表、模型或动画，帮助学习者更好地理解和记忆。同时，多媒体课件的丰富的颜色、字体和布局设计，还可以提高学习者的审美体验，增加他们学习的乐趣。

其次，视频和音频资源可以为教学提供更加真实、生动的场景。通过播放相关的视频和音频材料，教师可以将实际案例、专家讲解、现场实况等引入课堂，使学习者仿佛身临其境，增强学习的真实感。这种方式不仅能够激发学习者的学习兴趣，还能帮助他们更好地了解知识的应用场景，提高学习的实效性。

再次，多媒体教学还可以通过互动性强的特点，提高学习者的参与度。教师可以设计一些互动游戏、练习题或模拟实验，让学习者在课堂上积极参与，提高他们的动手能力和思维能力。同时，多媒体教学还可以实现课堂的实时反馈，教师可以通过在线问卷、投票等方式，了解学习者的学习情况，及时调整教学策略。

实施多媒体教学也需要注意一些问题。首先，教师需要具备一定的多媒体教学设计和制作能力，能够根据教学内容和学习者需求，制作高质量的多媒体课件和资源。其次，学校需要提供充足的多媒体设备和网络支持，确保教学顺利进行。此外，多媒体教学不能完全替代传统的教学方式，教师需要根据实际情况，灵活运用多种教学手段，以达到最佳的教学效果。

总之，多媒体教学是一种适应现代教育需求的教学方式，它通过丰富的多媒体资源和互动性强的特点，能够有效提升学习者的学习兴趣和参与度。学校和教育部门应充分利用多媒体设备和资源，加强对教师的多媒体教学能力培训，推动教育信息化的发展，为学习者的全面成长提供更好的教育环境。

4.图书资源和学术资料

图书资源和学术资料是教育教学中不可或缺的重要支持。丰富多样的图书和学术资料不仅能够为学习者提供广泛的知识视野，还能够帮助他们在学习过程中深入理解和掌握课程内容。如果学校图书馆或在线资源库拥有丰富的图书和学术资料，教师就可以充分利用这些资源，引导学习者进行自主学习，提高他们的研究能力和综合素质。

首先，图书资源为学习者提供了海量的知识信息。学校图书馆中丰富的图书收藏，涵盖了各个学科领域的经典著作、最新研究成果以及各类参考书籍，学习者可以在这里找到与自己学习方向相关的资料，进行深入的阅读和研究。通过阅读图书，学习者可以拓宽知识面，提高自己的学术素养，为将来的学术研究和职业发展打下坚实的基础。

其次，学术资料可以帮助学习者更好地理解课程内容。学术资料通常包括学术论文、研究报告、案例分析等，它们对于课程理论知识进行了深入的探讨和分析。学习者可以通过查阅学术资料，了解课程领域的最新研究动态，掌握学术前沿知识，提高自己的学术水平。同时，学术资料还可以为学习者提供不同观点和见解，培养他们的批判性思维能力。

再次，教师可以引导学习者利用在线资源库进行自主学习。现代教育技术的发展，使得许多学校都建立了在线资源库，为学习者提供了便捷的数字学术资源。学习者可以通过在线资源库，随时随地查阅和下载所需的学术资料，进行自主学习和研究。这种方式不仅提高了学习效率，还培养了学习者独立研究和解决问题的能力。

要充分发挥图书资源和学术资料的作用，教师需要对学习者进行有效的引导和指导。教师可以根据课程内容和学习者需求，推荐相关的图书和学术资料，指导学习者如何查找和筛选信息，如何正确引用和参考资料。同时，教师还可以组织学习者进行学术讨论和研究报告，让他们分享自己的学习心得和研究成果，提高他们的学术交流能力。

总之，图书资源和学术资料是教育教学中重要的支撑。学校应努力丰富图书馆和在线资源库的藏书和资料，为教师和学习者提供充足的学习资源。同时，教师应引导学习者充分利用这些资源，进行自主学习和研究，提高他们的研究能力和综合素质。通过这种方式，学校可以培养出更多具有独立思考能力和创新能力的人才。

5. 人力资源

人力资源是学校教育质量的关键因素之一。如果学校拥有充足的教师资源和专家顾问，那么学校可以采用研讨会、讲座、工作坊等形式，让学习者直接与专家交流，拓宽视野和知识面。这样的教学方式不仅能够提高学习者的学习兴趣，还能够提高学习者的实践能力和创新能力。

首先，研讨会是一种让学习者与专家进行深入交流的重要方式。在研讨会上，学习者可以就自己感兴趣的话题或问题进行讨论，听取专家的意见和建议。通过与专家的交流，学习者可以了解到更多的学术观点和实践经验，拓宽自己的视野，提高自己的学术素养。

其次，讲座是一种让学习者接触前沿知识和研究成果的重要途径。通过邀请相关领域的专家做讲座，学校可以为学习者提供最新的学术信息和研究成果。学习者可以通过聆听讲座，了解到更多的学术动态和实践经验，提高自己的学术水平。

再次，工作坊学习是一种让学习者进行实践操作和技能培训的重要方式。通过组织专家进行技能培训和工作坊学习，学校可以为学习者提供实际操作的机会，使他们能够在实践中学习和应用知识，提高自己的实践能力。

要充分发挥人力资源的优势，学校需要做好以下几点。第一，学校需要拥有一支高素质的教师队伍，他们具备丰富的教学经验和专业知识，能够为学习者提供优质的教育资源。第二，学校需要与相关领域的专家和机构人员建立良好的合作关系，邀请他们到校做讲座和进行指导。第三，学校还需要为学习者提供充足的学习资源和实践机会，使他们能够充分利用人力资源，提高自己的学习效果。

总之，人力资源是学校教育质量的关键因素之一。通过采用研讨会、讲座、工作坊等形式，让学习者直接与专家交流，可以拓宽学习者的视野和知识面，提高他们的学习效果和实践能力。学校应充分利用人力资源，为学习者的全面发展和成长提供良好的教育环境。

综上所述，在选择教学方法时，教师需要综合考虑各种资源条件，并根据课程特点和学习者需求，做出最合适的选择。同时，教师还应不断寻求和创新教学资源的使用方式，以实现教学目标，提高教学质量，培养学习者的职业能力和素养。

# 三、职业教育教学方法的选择实践

## （一）分析课程目标

在选择教学方法之前，首先需要深入分析课程目标，包括理解课程希望学习者达到的知识、技能水平等具体目标。通过对课程目标的细致分析，教师应确保所选教学方法能够有效地支持学习者达成这些目标，从而提高教学的针对性和效率。

课程目标是教学活动的出发点和归宿，它们指导整个教学过程，包括教学内容的设计、教学方法的选择、教学评估的实施等。以下是分析课程目标的一些关键步骤。

1. 明确学习成果

在设计和实施任何教育课程时，明确学习成果是第一步。学习成果是指学习者在完成课程学习后，预期达到的具体能力和表现。这些成果应当是明确、具体且可量化的，使得学习者、教师以及教育评估人员都能够清晰地了解学习者的进步和成就。

为了确保学习成果的可观察性和可评估性，教育者和课程设计者应当将成果细分为一系列具体的、可实现的小目标。这些小目标不仅涵盖了知识点的掌握，还应该包括技能的培养、态度的形成以及行为的改变。

具体来说，在设定学习成果时，需要考虑以下几个方面。

知识掌握：学习者应该能够回忆和理解课程中出现的概念、理论和信息。例如，历史课程的学习者应该能够列举出重要的历史事件和人物，并简要解释相关含义。

技能掌握：学习者应该具备一些具体的技能，如计算能力、写作技巧、语言表达、实验设计等。例如，数学课程的学习者应该能够熟练地解决代数问题，外语课程的学习者应该能够流利地进行外语对话。

态度和价值观：学习者应该形成积极的价值观和对学习的态度，比如批判性思维、创新意识、团队合作精神等。例如，学习者应该能够展现出对环境问题的关心，并愿意采取行动保护环境。

应用和创新：学习者应该能够将所学知识和技能应用到新的情境中，进行创新思考和问题解决。例如，学习者应该能够使用所学的编程知识来设计一个简单的计算机程序。

行为改变：学习者应该在学习过程中展现出一些具体的行为改变，如更健康的生活习惯、更积极的学习态度等。例如，学习者应该能够通过体育活动展现出良好的体能和运动技能。

为了确保学习成果的明确性和可评估性，教师可以采用各种评估方法，如考试、作业、项目、演示、自我评价和同伴评价等。通过这些评估方法，教师可以观察和测量学习者是否达到了预定的目标，并根据学习者的表现提供反馈，帮助他们进一步改进和提高。

总之，明确学习成果是课程设计和教学实施的基础。通过设定具体、可观察和可评估的学习成果，教师能够更好地指导学习者的学习，同时也能够更有效地评估和证明学习者的学习成果。这种方法有助于提高教育的透明度和效果，确保学习者能够获得有价值和有意义的学习经验。

2. 分析学习者的需求

在教育过程中，了解学习者的需求是至关重要的。学习者的知识背景、学习风格、兴趣和需求等因素都会对教学方法的选择产生影响。因此，教师需要充分了解学习者的特点，以便更好地满足他们的学习需求，提高教学效果。

首先，了解学习者的知识背景对于教学非常重要。学习者的知识基础会影响他们对不同学科的理解和接受程度。例如，对于数学学科，如果学习者在小学阶段没有打下良好的基础，那么在初中和高中阶段学习更高级的数学概念时可能会遇到困难。因此，教师需要了解学习者的知识水平，以便调整教学内容和难度，确保学习者能够跟上课程的进度。

其次，学习者的学习风格也会影响教学方法的选择。有的学习者喜欢通过听讲来学习，有的学习者则更倾向于通过实践和动手操作来学习。如果教师能够了解学习者的学习风格，就可以采用更符合他们需求的教学方法。例如，对于喜欢实践操作的学习者，教师可以多安排实验和实习等实践活动，让他们在实际操作中学习和掌握知识。

再次，学习者的兴趣也是影响教学的重要因素。如果教师能够了解学习者的兴趣所在，就可以将教学内容与学习者的兴趣相结合，激发他们的学习热情。例如，如果学习者对艺术感兴趣，教师可以在教学中引入艺术元素，让学习者在欣赏和创作艺术作品的过程中学习相关知识。

最后，教师还需要关注学习者的需求，及时调整教学方法和策略。学习者的需求可能会随着时间而发生变化，教师需要密切关注学习者的动态，确保教学内容和方法能够满足他们的需求。例如，学习者在面临考试或竞赛时，可能需要更多的辅导和练习，教师可以有针对性地提供帮助，帮助他们提高成绩和能力。

综上所述，了解学习者的知识背景、学习风格、兴趣和需求等因素对于教学非常重要。教师需要充分了解学习者的特点，以便更好地满足他们的学习需求，提高教学效果。通过因材施教，教师可以激发学习者的学习兴趣，帮助他们充分发挥潜力，实现个人发展。

3.考虑课程内容

课程内容的性质、难易程度、实践性等因素会直接影响到教师选择何种教学方法，以便最大程度地激发学习者的学习兴趣和提高他们的技能水平。

首先，课程内容的实践性要求教学方法具有针对性。职业教育的课程内容通常强调对实践技能的培养，如操作技能、工作流程、设备使用等。实践性强的教学方法，如实验教学、项目式学习、情境模拟等，能够让学习者在实践中理解理论知识，掌握必要的操作技能。对于一些理论性较强的课程内容，教师可能选择讲授法、案例分析法或小组讨论法等方法，帮助学习者理解抽象的概念和原理。因此，课程内容的实践性要求教师在选择教学方法时必须具有针对性，根据课程内容的特点灵活调整教学策略。

其次，课程内容的跨学科特点要求教师使用多元化的教学方法。随着职业教育现代化，很多课程的内容往往是跨学科的，涵盖多个领域的知识和技能。这种课程内容的跨学科特点要求教师在选择教学方法时，需要灵活运用多种方法，促进学习者进行跨学科的学习和知识整合。例如，在智能制造类课程中，学习者不仅需要掌握机械、电气、计算机等方面的知识，还需要能够将这些知识综合应用于智能化生产系统的设计和维护中。对于这样的跨学科课程内容，教师需要选择能够促进跨学科整合的教学方法，如项目导向学习、协作学习、实训和模拟等。这些方法不仅能够帮助学习者将各学科的知识结合起来，还能提高他们的创新思维能力和问题解决能力。

再次，在技术更新换代迅速的领域，课程内容的更新速度同样较快。教师在选择教学方法时，不仅要考虑当前的课程内容，还要考虑未来的技术变革对课程内容的影响。在这样的背景下，教师的教学方法需要保持一定的灵活性，以适应快速变化的课程内容。例如，在信息技术类课程中，随着新技术的出现和发展，课程内容常常需要进行更新。教师可以采用混合式教学法，通过线上线下结合的方式，让学习者在掌握当前技术的同时，能够迅速适应新技术的应用。同时，利用项目式学习等方法，鼓励学习者主动学习最新技术，掌握技术发展趋势。

总的来说，教师在选择教学方法时，必须充分考虑课程内容的特点，灵活选择合适的教学方法，才能帮助学习者更好地掌握职业技能，提高其就业能力和实践能力。因此，课程内容与教学方法之间的密切联系是职业教育成功的关键所在。

4. 确定教学策略

确定教学策略是教学设计中的关键步骤，它直接关系到教学目标的实现和教学效果的好坏。教学策略是指教师在教学过程中采用的方法和手段，用以促进学习者的学习和发展。在选择教学策略时，教师需要根据课程目标和内容，综合考虑学习者的特点、教学资源等因素，选择最合适的教学策略。

直接教学是一种以教师为中心的教学策略，它适用于知识传授和技能训练。直接教学通过系统的讲解、演示和练习，帮助学习者掌握相关的知识和技能。这种教学策略适用于对基础知识和基本技能的教授，能够确保学习者掌握必要的知识点和技能。

探究学习是一种以学习者为中心的教学策略，它强调学习者的主动探索和发现。探究学习通过提出问题引导学习者进行实验、调查和研究，培养学习者的批判性思维和创新能力。这种教学策略适用于培养学习者的独立思考能力和解决问题的能力。

合作学习是一种以学习者小组合作学习为特征的教学策略。它通过学习者之间的互动和合作，促进学习者交流和培养团队合作能力。合作学习适用于培养学习者的团队合作精神和社交技能，同时也能够提高学习者的学习兴趣。

项目式学习是一种综合性的教学策略，它将学习内容与实际项目相结合，让学习者在完成项目的过程中学习和应用知识。项目式学习能够培养学习者的实践能力、创新能力和解决问题的能力，同时也能够提高学习者的学习兴趣和动机。

为了确保教学策略的有效性，教师需要根据学习者的特点和学习需求，灵活运用和调整教学策略。同时，教师还需要对教学策略进行评估和反思，根据学习者的学习效果和反馈，不断优化和改进教学策略。

总之，确定教学策略是教学设计的重要环节。教师需要根据课程目标和内容，选择合适的教学策略，以有效地帮助学习者达到课程目标。通过灵活运用和调整教学策略，教师能够提高教学效果，促进学习者的学习和发展。

5. 评估资源和支持

评估资源和支持是教学设计中的一个重要环节。教师需要对学校提供的资源和支持进行充分的了解和评估，以便更好地实施教学方法和提高教学效果。

教学设施是教学过程中不可或缺的资源。学校提供的教室、实验室、图书馆等设施将为教师提供良好的教学环境，同时也为学习者提供学习和实践的场所。教师应根据教学需求，充分利用这些设施，为学习者提供更好的学习体验。

技术工具在现代教育中发挥着越来越重要的作用。学校提供的多媒体设备、网络资源、教学软件等工具，可以丰富教学手段，提高教学效果。教师应掌握这些技术工具的使用方法，将其融入教学过程中，为学习者提供更加生动、有趣的学习体验。

教材资源是教学过程中的重要依托。学校提供的教材、参考书、在线资源等，将为教师和学习者提供丰富的学习材料。教师应根据课程目标和学习者的需求，合理选择和利用这些教材资源，为学习者提供全面、深入的学习内容。

此外，学校还可能提供一些额外的支持，如学术支持、心理咨询、课外活动等。这些支持将有助于学习者更好地学习和生活，提高他们的综合素质。教师应了解这些支持资源，并在需要时为学习者提供相应的帮助和指导。

在评估资源和支持时，教师还应考虑学校的政策和规定，以确保教学活动符合学校的期望和要求。同时，教师还应关注学校的资源和支持的不足之处，并向学校提出改进建议，以提高教学效果。

总之，评估资源和支持是教学设计中的重要环节。教师应充分了解和评估学校提供的资源和支持，以便更好地实施教学方法和提高教学效果。通过充分利用学校的资源和支持，教师能够为学习者提供更好的学习环境和发展机会，帮助他们实现学习目标。

6.持续反思和调整

持续反思和调整是教学过程中的重要环节。教师应不断反思教学方法的有效性，根据学习者的学习进度和反馈进行必要的调整，以确保教学方法始终符合课程目标。

首先，教师需要定期反思自己的教学方法和策略。这包括对教学内容、教学手段、教学组织形式等进行深入的思考和分析。教师可以通过自我观察、学习者反馈、同行评价等多种方式，了解自己的教学方法和策略的优点和不足之处。

其次，教师需要根据学习者的学习进度和反馈，对教学方法和策略进行调整。如果发现学习者的学习效果不佳，教师可以尝试改变教学手段或教学组织形式，以找到更适合学习者的教学方法。教师还可以根据学习者的兴趣和需求，调整教学内容或增加实践活动，以提高学习者的学习积极性和主动性。

此外，教师还可以通过与同行交流和分享经验，获取更多的教学灵感和方法。教师可以参加教学研讨会、培训活动等，与其他教师分享自己的教学经验和心得，学习他人的教学方法和策略。这有助于教师不断丰富自己的教学手段，提高教学效果。

在持续反思和调整过程中，教师需要保持开放和谦逊的态度，愿意接受学习者的反馈和建议。教师还应鼓励学习者提出问题和意见，积极参与教学过程，共同改进教学方法。

总之，持续反思和调整是教学过程中的重要环节。教师需要不断反思自己的教学方法和策略，根据学习者的学习进度和反馈进行必要的调整，以确保教学方法始终符合课程目标。通过持续反思和调整，教师能够提高教学效果，促进学习者的学习和发展。

## （二）评估教学方法的有效性

在确定了课程目标之后，教师需要对候选的教学方法进行评估。这涉及比较不同教学方法在促进学习者学习、提高学习者参与度和增强学习者理解力等方面的效果。通过评估，教师可以选择那些能够最有效地提高教学效果的方法，以达到最佳的教学成果。

以下是一些评估教学方法有效性的步骤和方法。

1. 明确评估标准

在教学过程中，评估教学方法的有效性是非常重要的。而在进行评估之前，教师需要明确评估的标准和指标。这些标准和指标应该是与课程目标紧密相关的，以便能够准确地衡量教学方法是否能够帮助学习者达到这些目标。

首先，评估标准应该包括学习者的知识掌握程度。这可以通过考试、测验或者作业来评估。教师可以通过学习者的成绩或者他们在测验中的表现来了解他们对于课程内容的掌握情况。

其次，技能的熟练度也是一个重要的评估标准。这可以通过学习者的实际操作或者演示来评估。教师可以观察学习者在解决问题或者进行实验时的表现，以了解他们是否已经掌握了所需的技能。

再次，态度的积极性和参与度也是一个重要的评估标准。这可以通过学习者的参与度、提问频率以及对课程的兴趣来评估。教师可以观察学习者是否积极参与课堂讨论，是否对课程内容感兴趣，以及他们是否主动提出问题。

最后，教师还可以观察学习者的满意度。这可以通过问卷调查或者访谈来评估，以了解学习者对于教学方法的满意度，以及他们对于课程的喜欢程度。

总之，明确评估标准是评估教学方法有效性的重要一步。通过确定与课程目标紧密相关的评估标准和指标，教师可以更好地了解教学方法是否能够帮助学习者达到这些目标。这有助于教师调整和改进教学方法，以提高教学效果。

2. 收集数据

在教学过程中，为了更好地评估教学方法的有效性，教师需要收集各种数据。这些数据可以通过多种方式获得，包括观察、测试、问卷调查和学习者反馈等。收集这些数据的目的在于帮助教师深入理解不同教学方法对学习者学习的影响，从而为教学决策提供依据。

观察是一种直接且常用的数据收集方法。教师可以通过课堂观察来了解学习者的学习行为和表现。例如，学习者是否积极参与课堂讨论，是否专心听讲，以及他们在小组活动中的表现如何等。通过观察，教师可以了解不同教学方法对学习者学习态度和行为的影响。

测试是评估学习者学习成果的重要手段。教师可以通过定期进行的笔试或口试来收集学习者对课程知识掌握程度的数据。这些测试结果将有助于教师分析不同教学方法对学习者知识掌握和学习能力的影响。

问卷调查是另一种应用广泛的数据收集方法。教师可以设计问卷，了解学习者对教学方法的看法和意见。通过分析问卷结果，教师可以了解学习者对不同教学方法的喜好程度，以及他们对教学内容的满意度和建议。

学习者反馈也是一种重要的数据来源。教师可以鼓励学习者在课后提供反馈，分享他们的学习体验和对教学方法的看法。这些反馈将有助于教师了解学习者的需求和期望，从而改进教学方法。

收集数据后，教师需要对数据进行整理和分析。这可以通过统计分析、图表展示等方法来实现。通过分析数据，教师可以发现不同教学方法对学习者学习的具体影响，以及哪些方法更有效。

教师需要根据数据分析的结果，对教学方法进行调整和改进。例如，如果发现某种教学方法对学习者学习的效果不佳，教师可以尝试采用其他方法，以提高教学效果。

总之，收集数据是评估教学方法有效性的关键步骤。通过多种方式收集数据，并对数据进行分析，教师可以更好地了解不同教学方法对学习者学习的影响，从而为教学决策提供依据。通过不断调整和改进教学方法，教师能够提高教学效果，更好地满足学习者的学习需求。

3. 分析数据

在教学过程中，对收集到的数据进行分析是评估教学方法有效性的关键步骤。通过分析数据，教师可以确定哪种教学方法在促进学习者学习、提高参与度和增强理解力方面效果最好。

教师需要先对收集到的数据进行整理和分类。这包括将观察结果、测试成绩、问卷调查和学习者反馈等数据进行归纳和整理。教师可以将数据按照不同的教学方法进行分类，以便于分析和比较。

接下来，教师可以使用统计分析方法对数据进行分析。这包括计算平均值、标准差、相关系数等统计指标，以了解不同教学方法对学习者学习成果的影响。教师还可以使用图表和图形来展示数据，以便更直观地观察和比较不同教学方法的效果。

在分析数据时，教师需要关注多个方面的指标。

第一，教师可以分析学习者的知识掌握程度，了解不同教学方法对学习者学习成绩的影响。教师可以通过比较不同教学方法下学习者的平均成绩或通过率来评估其效果。

第二，教师可以分析学习者的参与度和活跃度。教师可以通过观察学习者在课堂上的行为和表现，以及他们在小组讨论和互动中的参与程度来评估其效果。教师还可以分析学习者对教学活动的兴趣和积极性，以了解不同教学方法对学习者参与度的影响。

第三，教师可以分析学习者的理解力和思考能力。教师可以通过观察学习者在解决问题和进行讨论时的表现，以及他们在测试和作业中的表现来评估其效果。教师可以分析学习者对课程概念的理解程度，以及对复杂问题的分析和思考能力。

第四，教师还可以考虑学习者的反馈和满意度。教师可以通过分析学习者问卷调查和反馈意见，了解他们对不同教学方法的看法和意见。这有助于教师了解学习者的需求和期望，从而改进教学方法。

通过分析数据，教师可以发现不同教学方法对学习者学习的具体影响，以及哪些方法更有效。例如，教师可能会发现一种教学方法能够显著提高学习者的知识掌握程度和参与度，而另一种教学方法则更能够增强学习者的理解力和思考能力。

根据数据分析的结果，教师可以对教学方法进行调整和改进。例如，如果发现某种教学方法在促进学习者学习方面效果较好，教师可以进一步加大其在课堂中的应用。相反，如果发现某种教学方法效果不佳，教师可以尝试采用其他方法，或者对其进行改进和优化。

总之，分析数据是评估教学方法有效性的重要步骤。通过整理、统计和分析收集到的数据，教师可以确定哪种教学方法在促进学习者学习、提高参与度和增强理解力方面效果最好。这有助于教师优化教学方法，提高教学效果，满足学习者的学习需求。

4.考虑学习者的多样性

在教学过程中，学习者的多样化是一个不可忽视的重要因素。每个学习者都有自己独特的学习风格、兴趣和需求，因此，在评估教学方法的有效性时，教师应该充分考虑这一点。

首先，学习者之间的学习能力存在差异。有的学习者可能具有较强的自主学习能力，他们喜欢通过独立研究、探索和实践来学习；而有的学习者可能更依赖于教师的指导和讲解，他们需要更多的支持和帮助。因此，教学方法应该能够满足不同学习者的学习能力需求，提供多元化的学习途径和方式。

其次，学习者的学习风格也各不相同。有的学习者可能喜欢通过视觉学习，他们喜欢看图片、图表和视频等视觉材料；而有的学习者可能更喜欢通过听觉学习，他们喜欢听讲解、讨论等音频材料。此外，还有的学习者可能更喜欢通过动手操作和实践来学习。因此，教学方法应该能够满足不同学习者的学习风格需求，提供多样化的学习资源和活动。

此外，学习者的兴趣和需求也各不相同。有的学习者可能对某个领域或主题特别感兴趣，他们希望深入学习和研究；而有的学习者可能对其他领域或主题更感兴趣。因此，教学方法应该能够满足不同学习者的兴趣和需求，提供个性化的学习内容和机会。

为了满足不同学习者的需求，教师可以采用多元化的教学方法。例如，教师可以通过提供在线学习资源、自主学习任务、小组讨论和实践活动等多种方式，让学习者根据自己的学习风格和兴趣选择适合自己的学习方式。此外，教师还可以根据学习者的反馈和表现，及时调整教学方法和内容，以更好地满足他们的需求。

在评估教学方法的有效性时，我们应该关注学习者是否能够根据自己的学习风格和需求选择适合自己的学习方式，以及他们是否能够在教学过程中取得良好的学习成果。这可以通过观察学习者的学习行为和表现、收集学习者的反馈和评价等方式来实现。

总之，考虑学习者的多样化是评估教学方法有效性的重要因素。教学方法应该能够满足不同学习者的学习能力、学习风格和兴趣需求，以促进他们的个性化学习和全面发展。通过关注学习者的多样化需求，并采用多元化的教学方法，教师可以提高教学效果，帮助每个学习者实现自己的学习目标。

5.反思和调整

在教学过程中，反思和调整是提高教学效果的重要环节。教师需要根据评估结果，对教学方法的实施过程进行深入反思，考虑如何调整教学策略以提高教学效果。

教师需要反思教学方法的选择和实施。教师可以思考所选教学方法是否适合学习者的学习需求和特点，以及教学方法是否能够有效地促进学习者的学习。教师还可以思考自己在教学过程中的表现，包括讲解是否清晰易懂，教学活动是否有趣和有意义，以及是否能够有效地引导学习者参与和思考。

教师需要考虑学习者的反馈和意见。教师可以收集学习者对教学方法和学习材料的反馈和意见，了解他们对教学的满意度和建议。这有助于教师了解学习者的需求和期望，从而调整教学策略。

在反思和调整过程中，教师可以考虑以下几个方面。

首先，教师可以尝试采用不同的教学方法，以找到最适合学习者的方法。例如，如果发现某种教学方法在促进学习者学习方面效果不佳，教师可以尝试采用其他方法，或者对其进行改进和优化。

其次，教师可以调整教学内容和难度。如果发现学习者对某个主题或内容不感兴趣或不理解，教师可以尝试引入相关案例、实际应用或使用多媒体资源等，以提高学习者的兴趣和理解力。此外，教师还可以根据学习者的学习进度和能力，适当调整教学内容的难度和深度。

再次，教师可以改进教学组织和安排。教师可以考虑调整课堂结构和时间分配，以更好地满足学习者的学习需求。例如，教师可以增加小组讨论和互动环节，让学习者有更多机会参与和交流；或者增加实践和操作环节，让学习者有更多机会动手实践和巩固知识。

最后，教师需要持续关注学习者的学习成果和表现。通过定期评估和观察学习者的学习成果，教师可以了解教学调整的效果，并及时进行进一步的调整和改进。

总之，反思和调整是提高教学效果的重要环节。教师需要根据评估结果，对教学方法的实施过程进行深入反思，并考虑如何调整教学策略以提高教学效果。通过不断反思和调整，教师能够更好地满足学习者的学习需求，提高教学效果，促进学习者的全面发展。

6. 持续监控

教学方法的有效性评估是一个持续的过程，而不是一次性的任务。为了确保教学方法始终符合课程目标并能够提高学习者的学习成果，教师需要定期监控和评估教学方法。

教师可以通过观察学习者的学习行为和表现来监控教学方法的有效性。教师可以注意学习者在课堂上的参与程度、兴趣和积极性，以及他们在小组讨论和互动中的表现。此外，教师还可以观察学习者在解决问题和进行讨论时的思考过程，以了解他们对课程概念的理解程度。

教师可以通过收集学习者的反馈和意见来评估教学方法的有效性。教师可以定期向学习者发放问卷调查或进行访谈，了解他们对教学方法和学习材料的看法和意见。这有助于教师了解学习者的需求和期望，从而调整教学策略。

此外，教师还可以通过分析学习者的学习成绩和进展来评估教学方法的有效性。教师可以比较不同教学方法下学习者的平均成绩、通过率或进步情况。这有助于教师了解哪种教学方法对学习者学习成果的提高更为有效。

在持续监控和评估教学方法的过程中，教师需要注意以下几点。

首先，教师应该设定明确的目标和指标，以便能够准确地评估教学方法的有效性。教师可以制定具体的观察指标和评估标准，以便能够量化和比较不同教学方法的效果。

其次，教师应该定期进行评估和反馈。教师可以设定一定的时间间隔，例如在每学期或每学年末，进行教学方法的有效性评估。在评估过程中，教师可以收集学习者反馈、观察学习者表现，并分析学习成绩。然后，教师可以根据评估结果提供具体的反馈和建议，以帮助学习者改进学习方法和策略。

再次，教师应该持续学习。教师可以通过参加培训、研讨会或学习交流活动，了解最新的教学理念和方法。这有助于教师不断更新自己的教学知识和技能，从而更好地适应学习者的需求，提高教学效果。

总之，持续监控和评估教学方法的有效性是一个重要的任务。教师需要定期观察学习者的学习行为和表现，收集学习者的反馈和意见，分析学习者的学习成绩和进展。通过持续监控和评估，教师能够确保教学方法始终符合课程目标，并能够提高学习者的学习成果。同时，教师还需要不断学习以提高自己的教学能力和水平。

7. 利用研究和技术

在教育领域，利用研究和技术是提高教学质量和效果的关键。教师可以通过参考教育研究文献和利用现代教育技术，了解最新的教学方法和技术，以指导教学实践。

首先，教师可以查阅教育研究文献，以了解当前教育领域的研究成果和趋势。教育研究文献包括学术期刊、研究报告和书籍等，它们提供了关于教育理论、教学方法和教育技术等方面的最新研究成果。通过阅读和研究这些文献，教师可以了解最新的教育理念和方法，以及它们在实际教学中的应用效果。这有助于教师更新自己的教育知识和教学理念，提高教学水平。

其次，教师可以利用现代教育技术来丰富教学内容和方式。现代教育技术包括多媒体教学、在线学习平台、虚拟现实技术等。这些技术可以帮助教师更生动、直观地展示教学内容，提高学习者的学习兴趣和理解力。例如，教师可以使用多媒体课件和视频来展示复杂的概念和过程，或者利用在线学习平台提供额外的学习资源和互动机会。此外，教师还可以利用虚拟现实技术为学习者提供身临其境的学习体验，增强他们的学习兴趣和参与度。

再次，教师还可以利用教育技术来改进教学组织和安排。例如，通过使用在线学习平台和协作工具，教师可以更好地组织小组讨论和合作项目，让学习者能够随时随地参与和交流。此外，教育技术还可以提供自动化的评估和反馈机制，帮助教师及时了解学习者的学习进度和成绩，从而更好地调整教学策略。

在利用研究和技术的过程中，教师需要注意以下几点。第一，教师应该具备良好的信息素养和研究能力，能够有效地查找、评估和应用教育研究文献和教育资源。第二，教师应该关注教育技术的最新发展，并积极学习和掌握相关的技术工具和平台知识。第三，教师应该根据学习者的需求和特点，合理选择和应用教学方法和技术，以提高教学效果。

总之，利用研究和技术是提高教学质量和效果的重要途径。教师可以通过参考教育研究文献和利用现代教育技术，了解最新的教学方法和技术，以指导教学实践。通过不断学习和探索，教师能够更好地适应学习者的需求，提高教学效果，促进学习者的全面发展。

## （三）结合学习者的特点与需求

选择教学方法时，还必须充分考虑学习者的特点和需求。这包括学习者的年龄、学习背景、学习动机、学习风格和偏好等。了解学习者的这些特点，可以帮助教师选择最适合他们的教学方法，从而提高学习的吸引力和成效。

以下是一些考虑学习者特点与需求的方法。

1. 了解学习者的背景

在教学过程中，了解学习者的背景是非常重要的。这包括他们的年龄、文化背景、先前知识储备等因素，因为这些因素都会影响他们对不同教学方法的理解和接受程度。

首先，年龄是一个重要的因素。不同年龄段的学习者有着不同的认知能力和学习需求。例如，儿童可能更倾向于通过游戏和互动来学习，而成年人可能更注重理论知识和实际应用。因此，教师需要根据学习者的年龄特点，选择适合他们的教学方法。

其次，文化背景也是一个重要的因素。不同文化背景的学习者有着不同的价值观、信仰和学习习惯。例如，一些文化可能更注重集体和合作，而另一些文化可能更注重个人和竞争。因此，教师需要了解学习者的文化背景，尊重他们的差异，并采用适合他们的教学方法。

再次，先前知识储备也会影响学习者对教学方法的理解和接受程度。如果学习者已经具备了一定的知识基础，他们可能更能够理解和接受深入和复杂的教学内容。相反，如果学习者对某个主题一无所知，教师可能需要从基础知识开始教学，并采用更简单和直观的教学方法。

最后，学习者的兴趣和动机也是需要考虑的因素。如果学习者对某个主题感兴趣，他们可能更愿意学习和参与。因此，教师可以利用学习者的兴趣，选择与他们感兴趣的主题相关的教学材料和方法。

在了解学习者的背景时，教师可以通过多种方式获取信息。例如，教师可以通过问卷调查、访谈或观察学习者的表现来了解他们的年龄和文化背景。教师还可以通过学习者的成绩和作业来了解他们的先前知识储备。

此外，教师可以与学习者进行沟通和交流，了解他们的兴趣和动机。

总之，了解学习者的背景对于教学非常重要。教师需要考虑他们的年龄、文化背景等因素，以选择适合他们的教学方法。通过了解学习者的背景，教师能够更好地满足他们的学习需求，提高教学效果。

2. 识别学习者的动机

在教学过程中，识别学习者的动机是一项关键的任务。学习动机是推动学习者参与学习活动的内在动力，它对学习者的学习态度、学习投入和学习成果都有着重要影响。因此，教师需要了解学习者的学习动机，选择能够激发他们兴趣和参与度的教学方法。

首先，教师可以通过观察学习者的行为和表现来识别他们的学习动机。学习者对学习的兴趣和热情往往通过他们的言行举止表现出来。例如，如果学习者在课堂上积极发言、提问并参与讨论，这可能表明他们对学习内容感兴趣并有较强的学习动机。相反，如果学习者表现出消极、抵触或漠不关心的态度，这可能表明他们缺乏学习动机。

其次，教师可以通过与学习者进行沟通和交流来了解他们的学习动机。教师可以与学习者进行一对一的谈话，或通过问卷调查、访谈等方式收集他们的意见和建议。通过与学习者的交流，教师可以了解他们对学习内容的兴趣、学习目标以及影响他们学习动机的因素。

再次，教师还可以分析学习者的学习成绩和进展来识别他们的学习动机。通常情况下，学习动机与学习成果之间存在一定的关联。如果学习者在某个学科或课题上取得较好的成绩，这可能表明他们对该学科或课题有较强的学习动机。相反，如果学习者在某个学科或课题上成绩不佳，教师可以尝试引导学习者思考他们对该学科或课题的兴趣和动机。

在识别学习者动机的基础上，教师可以选择能够激发学习者兴趣和参与度的教学方法。以下是一些建议。

关联实际应用：将教学内容与学习者的生活实际相结合，让学习者认识到学习内容的价值和实用性，从而增强他们的学习动机。

创设有趣的情境：通过故事、案例、游戏等有趣的形式，将抽象的知识具象化，激发学习者的学习兴趣。

鼓励合作与竞争：组织小组讨论、竞赛等活动，让学习者在合作与竞争中发挥潜能，增强学习动机。

给予及时反馈和奖励：对学习者的努力和成果给予认可和奖励，增强他们的自信心和学习动力。

注重个性化教学：针对不同学习者的兴趣和特长，提供个性化的教学资源和方法，激发他们的学习动机。

总之，识别学习者的动机是提高教学质量和效果的重要环节。教师需要通过观察、沟通和分析等多种方式了解学习者的学习动机，并选择能够激发他们兴趣和参与度的教学方法。通过关注学习者的动机，教师能够更好地调动学习者的学习积极性，提高教学效果。

3. 考虑学习风格

在教学过程中，考虑学习者的学习风格是一项重要的任务。学习风格是指学习者偏好的学习方式和环境，它影响着学习者的学习效果和兴趣。根据维果茨基的最近发展区理论，教师应该根据学习者的实际水平和潜在水平来设计教学，而学习者的学习风格正是潜在水平的重要体现。有的学习者偏好视觉学习，有的偏好听觉学习，还有的偏好动手实践。因此，教师需要了解学习者的学习风格，并选择相应的学习材料和活动，以满足他们的学习需求。

视觉学习风格的学习者喜欢通过图片、图表、颜色等视觉元素来接收和处理信息。为了满足这类学习者的需求，教师可以采用多媒体教学工具，如 PPT、视频等，将抽象的概念和信息以直观、生动的形式展示出来。此外，教师还可以布置一些需要学习者通过观察和描绘来完成的作业，如观察一幅画，描述其中的内容和情感等。

听觉学习风格的学习者喜欢通过听讲解、音乐、语音等方式来接收和处理信息。为了满足这类学习者的需求，教师可以采用讲解、讨论、讲故事等教学方法，让学习者在倾听和表达中学习。同时，教师可以利用音频教学资源，如听力材料、有声书等，为学习者提供丰富的听觉学习资源。

动手实践学习风格的学习者喜欢通过亲自动手操作、实验、制作等方式来学习。为了满足这类学习者的需求，教师可以设计一些实践性强的课程和活动，如实验课、手工制作、户外考察等。在这些活动中，学习者可以通过实际操作来体验和理解知识，提高学习效果。

此外，教师还可以根据学习者的学习风格，将不同风格的学习材料和活动进行整合，设计出多样化的教学方案。例如，教师设计将视觉、听觉和动手实践相结合的项目，让学习者在多种感官体验中学习。

在考虑学习者学习风格的过程中，教师需要注意以下几点。

尊重学习者的个性差异：每个学习者都有自己独特的学习风格，教师要尊重和接纳学习者的差异，给予他们个性化的指导和支持。

创设多元学习环境：教师应为学习者提供多样化的学习资源和环境，让他们在适合自己的方式中学习。

引导学习者认识自己的学习风格：教师可以帮助学习者了解自己的学习风格，并教给他们适应不同学习风格的方法和技巧。

注重教学评价：教师应根据学习者的学习风格，采用多元化的评价方式，全面、客观地评价学习者的学习成果。

总之，考虑学习者的学习风格是提高教学质量和效果的重要环节。教师需要了解学习者的学习风格，选择相应的学习材料和活动，以满足他们的学习需求。通过关注学习者的学习风格，教师能够更好地激发学习者的学习兴趣，提高教学效果。

4. 尊重个体差异

在教育领域，尊重个体差异的理念日益得到重视。学习者之间存在着学习能力、学习速度和兴趣的差异，这些差异要求教学方法能够适应每个学习者的独特需求，提供个性化的学习机会。

首先，学习能力差异意味着学习者在接受新知识和技能时有着不同的理解和掌握程度。一些学习者可能需要更多的时间来消化和理解复杂的概念，而其他学习者可能能够快速掌握并应用这些概念。因此，教师需要识别这些差异，并调整教学节奏和难度，以适应不同学习者的学习能力。

其次，学习速度的差异也是需要考虑的因素。学习者的学习速度受到多种因素的影响，包括先前的学习经验、个人兴趣和动机等。教师应该意识到并接受这些速度差异，避免对学习速度较慢的学习者施加压力，同时也要防止学习速度较快的学习者产生无聊的情绪。通过提供不同层次的任务和活动，教师可以帮助每个学习者在自己的节奏下学习和进步。

此外，兴趣的差异对学习动机和参与度有着重要影响。学习者对自己感兴趣的学科或主题往往更愿意投入时间和精力去学习。教师可以通过了解学习者的兴趣，将他们感兴趣的内容与教学材料相结合，以提高学习者的学习兴趣和动力。这种个性化的教学方法可以帮助学习者更好地连接新知识和他们的兴趣点，从而提高学习效果。

为了适应这些个体差异，教师可以采取以下措施。

差异化教学：教师可以设计不同难度的教学活动和任务，以满足不同学习者的学习需求。例如，为学习速度较慢的学习者提供额外的辅导和支持，为学习速度较快的学习者提供更深入或更具挑战性的任务。

个性化学习计划：教师可以根据每个学习者的学习需求和目标，制订个性化的学习计划。这些计划可以包括特定的学习资源、辅导时间和实践机会。

自我调节学习：教师可以鼓励学习者发展自我调节学习的能力，让他们能够根据自己的学习需求和节奏进行学习。这可以通过提供自主学习的机会、指导学习者设置学习目标和策略来实现。

多样化的教学方法：教师可以采用多种教学方法，如小组讨论、项目式学习、实验和实践活动等，以满足不同学习者的学习风格和兴趣。

持续的评估和反馈：教师应定期评估学习者的学习进展，并提供及时的反馈。这可以帮助学习者了解自己的优势和需要改进的地方，并根据反馈调整学习策略。

总之，尊重个体差异是教育中的一个关键原则。通过识别和适应学习者的学习能力、学习速度和兴趣差异，教师可以提供更加个性化的学习机会，帮助每个学习者实现其最大的学习潜力。这种个性化的教学方法不仅提高了学习者的学习效果，也增强了他们的学习动力和自信心。

5. 鼓励参与和互动

在教育过程中，学习者的参与和互动是提高学习积极性和动机的重要手段。鼓励学习者参与课堂讨论和小组活动，可以激发他们的学习兴趣，培养他们的合作精神和沟通能力。

首先，课堂讨论是提高学习者参与度的有效方式。教师可以就课程内容或相关话题提出问题，引导学习者发表自己的观点和看法。在讨论过程中，教师应鼓励学习者积极发言，尊重他们的意见和观点，并给予及时的反馈和指导。这样可以激发学习者的思考和探究欲望，提高他们的学习积极性。

其次，小组活动是培养学习者的合作精神和沟通能力的重要途径。教师可以根据学习者的兴趣和特点，将他们分成不同的小组，让他们在小组内进行合作学习和讨论。在小组活动中，学习者需要共同完成任务、解决问题，这要求他们相互沟通、协作，共同达成目标。通过这种方式，学习者可以更好地理解和掌握知识，提高学习动机。

此外，教师还可以采用以下方法来鼓励学习者参与和互动。

创设有趣的情境：教师可以通过讲故事、案例分析、角色扮演等有趣的形式，将抽象的知识具象化，激发学习者的学习兴趣，促使他们积极参与课堂活动。

利用多媒体技术：教师可以运用多媒体教学工具，如 PPT、视频、动画等，为学习者提供丰富的视觉和听觉资源，增强课堂的趣味性，吸引学习者的注意力。

给予及时反馈和奖励：教师应对学习者的参与和表现给予及时的反馈和奖励，以激发他们的学习动力和自信心。

注重个性化教学：教师应关注每个学习者的兴趣和需求，设计个性化的教学活动和任务，使学习者在参与过程中感受到学习的乐趣和成就感。

总之，鼓励学习者参与课堂讨论和小组活动，是提高学习积极性和动机的重要途径。教师应采取多种措施，激发学习者的学习兴趣，培养他们的合作精神和沟通能力。通过这种方式，教师可以有效地提高学习者的学习积极性，促进他们的全面发展。

6. 使用多元评价方式

在教育评价领域，使用多元评价方式已经成为一种趋势。这种方式认为，不同的学习者可能在不同的评价方式中表现出色，通过多种评价方法可以更全面地了解学习者的学习成果。

首先，传统的笔试和考试仍然是评价学习者学习成果的重要方式，但它们往往只能评估学习者的记忆和再现能力，而不能充分反映学习者的理解、分析和创新能力。因此，教师可以采用更多元化的评价方式，如口试、报告、项目、演示等，来评估学习者的综合能力。

其次，使用多元评价方式有助于激发学习者的学习动机。当学习者知道他们的努力和成果会通过多种方式得到认可时，他们可能会更加投入到学习中，尝试不同的学习方法和策略。

再次，多元评价方式也有助于培养学习者的批判性思维和自我反思能力。在完成各种评价任务的过程中，学习者需要对自己的学习过程和结果进行分析和评估，找出自己的优点和不足，从而更好地指导自己的学习。

教师在实施多元评价时，需要注意以下几点。

评价标准的一致性和公正性：无论采用哪种评价方式，教师都需要制定明确、一致的评价标准，确保评价的公正性。

评价任务的设计：教师应根据学习者的学习目标和内容，设计具有挑战性和针对性的评价任务，激发学习者的学习兴趣和动力。

学习者参与评价：教师可以邀请学习者参与评价过程，让他们对自己的学习成果进行自我评价和同伴评价，提高他们的评价能力。

及时反馈：教师应对学习者的评价结果给予及时、具体的反馈，帮助他们了解自己的学习状况，指导他们改进学习方法和策略。

总之，使用多元评价方式可以更全面地了解学习者的学习成果，激发他们的学习动机，培养他们的批判性思维和自我反思能力。教师应根据学习者的学习目标和内容，设计多样化的评价任务，采用多种评价方法，全面、客观地评价学习者的学习成果。

7. 提供及时反馈

在教育过程中，提供及时反馈是帮助学习者调整学习策略、提高学习效果的重要手段。教师应在学习过程中频繁进行进度检查，并为学习者提供及时、具体的反馈，以指导他们改进学习方法和策略。

首先，及时反馈有助于学习者了解自己的学习状况。通过教师的评估和反馈，学习者可以知道自己在学习过程中的优点和不足，进而调整学习策略，更加有针对性地进行学习。

其次，及时反馈可以激发学习者的学习动机。当学习者收到自己学习成果的反馈时，他们会感受到教师对他们的关注和期望，从而增强学习的积极性和主动性。

再次，频繁的进度检查和反馈环节也有助于培养学习者的自我监控和自我调节能力。在学习过程中，学习者需要不断评估自己的学习进度，根据反馈调整学习计划和方法，这有助于他们形成良好的学习习惯和自主学习能力。

为了提供及时反馈，教师可以采取以下措施。

制定明确的评价标准：教师应为学习者提供清晰、具体的评价标准，使学习者能够根据这些标准自行评估自己的学习成果。

采用多种评价方式：教师应采用多种评价方式，如课堂提问、作业、测试等，以全面、客观地了解学习者的学习状况。

及时给予反馈：教师应对学习者的学习成果给予及时的反馈，指出他们的优点和不足，并提供改进的建议。

鼓励学习者自我反思：教师应引导学习者对自己的学习过程和结果进行自我反思，帮助他们找出自己的弱点，调整学习策略。

建立互评和同伴评价机制：教师可以鼓励学习者之间进行互评和同伴评价，让他们从同伴的反馈中获取意见和建议，提高自己的学习效果。

总之，提供及时反馈是提高学习效果的重要手段。教师应频繁进行进度检查，并为学习者提供及时、具体的反馈，以指导他们改进学习方法和策略。同时，教师还应引导学习者进行自我反思，培养他们的自主学习能力和自我监控能力。通过这些措施，教师可以帮助学习者更好地掌握知识，提高学习成果。

8.利用技术工具

在当今的教育环境中，利用技术工具已经成为提高教学质量和吸引学习者兴趣的重要手段。根据学习者的技术熟练度，教师可以选择适当的教育技术工具，如在线学习平台、教育软件和多媒体资源，以增强学习的吸引力和互动性。

首先，在线学习平台为学习者提供了一个灵活、便捷的学习环境。这些平台通常具备丰富的学习资源，包括视频讲座、互动问答、在线讨论等，能够满足不同学习者的学习需求。通过在线学习平台，学习者可以随时随地学习，根据自己的进度安排学习计划，从而提高学习效率。

其次，教育软件可以帮助学习者更好地理解和掌握知识。这些软件通常具备互动性和实践性，能够将抽象的知识具体化，让学习者在实践中学习和应用。例如，数学软件可以帮助学习者解决复杂的数学问题，语言学习软件可以提供真实的语言环境，帮助学习者提高语言能力。

再次，多媒体资源可以使学习变得更加生动、有趣。通过图片、音频、视频等多媒体资源，教师可以将知识以更直观、更易于理解的方式呈现给学习者。这有助于激发学习者的学习兴趣，提高他们的学习积极性。

在利用技术工具进行教学时，教师需要注意以下几点。

考虑学习者的技术水平：教师应根据学习者的技术熟练度，选择适合他们的教育技术工具。对于技术水平较低的学习者，教师可以提供更多的指导和支持，帮助他们适应和使用这些工具。

保持教育技术的平衡：虽然教育技术可以提高学习的吸引力和互动性，但教师也应注意保持平衡。过度依赖技术可能会导致学习者忽视课堂学习和人际交往，因此教师应合理分配课堂时间和活动。

注重教师培训：为了有效地利用教育技术工具，教师需要接受相应的培训和指导。学校和教育机构应提供定期的培训和研讨会，帮助教师掌握新的教育技术工具和教学方法。

鼓励学习者参与和技术创新：教师可以鼓励学习者参与教育技术工具的开发和创新，让他们根据自己的需求和兴趣设计适合自己的学习工具。这有助于提高学习者的学习动力和技术能力。

总之，利用适当的教育技术工具，如在线学习平台、教育软件和多媒体资源，可以增强学习的吸引力和互动性，提高学习者的学习效果。教师应根据学习者的技术熟练度，合理选择和运用这些工具，同时注重教师培训和鼓励学习者参与技术创新，以实现最佳的教学效果。

综上所述，通过综合考虑学习者的特点和需求，教师可以选择最合适的教学方法，创造一个支持性强、参与度高的学习环境，从而提高教学质量和学习成效。

### （四）考虑教师的专业能力和教学资源

在选择教学方法时，教师的专业能力和教学资源也是重要的考虑因素。教师的专业知识和教学经验会影响他们对于不同教学方法的应用和调整能力。同时，教学资源如教材、设备和技术支持等也会限制教学方法的选择和实施。因此，教师在选择教学方法时需要综合考虑这些实际因素。下面是一些相关的考虑点。

1. 教师的专业知识与经验

教师的专业知识与经验是教学过程中不可或缺的重要因素，它们直接影响着教师的教学效果和学习者的学习成果。教师的专业知识和教学经验不仅决定了他们对教学内容的理解深度，也影响了他们选择和运用教学方法的能力。

首先，专业知识丰富的教师能够深入理解学科内容，准确把握学科知识的内在逻辑和联系。这样的教师在教学过程中能够条理清晰地阐述知识点，使学习者更容易理解和掌握。此外，专业知识丰富的教师还能为学习者提供更多的拓展资源和创新观点，激发学习者的学习兴趣和思考能力。

其次，教学经验对于教师来说同样重要。经验丰富的教师在长期的教学实践中积累了大量的教学技巧和策略，他们更能把握学习者的学习需求和教学节奏。例如，经验丰富的教师可能更擅长使用讨论、案例分析和项目式学习等教学方法，这些方法能够促进学习者主动参与、深入思考，提高学习的实效性。而新教师可能由于缺乏经验，更多地依赖于讲授和指导，这虽然能够确保学习者掌握基本知识，但可能不足以激发学习者的主动性和创造性。当然，这并不意味着新教师就无法运用讨论、案例分析和项目式学习等教学方法。事实上，随着教育理念的不断更新和教学技术的发展，越来越多的年轻教师开始尝试和探索新的教学方法。他们往往更具创新精神，更愿意接受新的教育理念，这有助于他们运用和发展讨论、案例分析和项目式学习等教学方法。

总之，教师的专业知识与经验是教学过程中不可或缺的重要因素。它们影响着教师对教学方法的理解程度，以及他们应用和调整这些方法的能力。为了提高教学效果，教师应不断丰富自己的专业知识和教学经验，同时注重学习新的教育理念和教学方法，以适应不断变化的教育环境。

2. 教师的灵活性

在教学过程中，教师的灵活性是一项至关重要的能力。这是因为教学并非一条直线，往往会出现各种预料之外的情况，如学习者的学习进度与预期不符、学习者的学习需求发生变化、教学环境的变化等。在这种情况下，教师需要能够灵活地调整教学方法，以适应这些情况，确保教学效果的最大化。

首先，教师的灵活性体现在对教学方法的调整上。在教学过程中，教师可能会预设多种教学方法，以应对不同的教学情境。然而，实际教学过程中，教师可能发现某种教学方法并不适合当前的教学情境，或者学习者的学习效果并不理想。在这种情况下，教师需要能够迅速地调整教学方法，寻找更适合的方法，以提高教学效果。

其次，教师的灵活性体现在对学习者的关注上。每个学习者都是独特的个体，他们的学习需求、学习风格和兴趣点都有所不同。教师需要具备敏锐的观察力，及时发现学习者的变化，并针对性地调整教学策略，以满足学习者的个性化需求。例如，对于学习困难的学习者，教师可能需要提供额外的辅导和支持；对于学习进度较快的学习者，教师可能需要提供更多的挑战和拓展资源。

再次，教师的灵活性还体现在对教学环境的适应上。教学环境可能会因为各种原因发生变化，如教室的布置、教学设备的更新、学校政策的变化等。教师需要能够适应这些变化，调整教学策略，以确保教学的正常进行。

要提升教师的灵活性，可以采取以下措施。

加强教师的专业培训：通过培训，教师可以学习更多的教学方法和策略，提高他们对教学情境的适应能力。

鼓励教师进行教学反思：教学反思有助于教师发现自身的不足，及时调整教学方法，提高教学效果。

建立支持性的教学环境：学校和社会应给予教师更多的支持和信任，鼓励他们尝试和探索新的教学方法，提高教学灵活性。

促进教师之间的交流与合作：教师之间可以通过交流和合作，分享教学经验和心得，相互学习和成长。

总之，教师的灵活性是确保教学效果的关键因素。教师需要能够灵活地调整教学方法，关注学习者的个性化需求，适应教学环境的变化。通过加强专业培训、鼓励教学反思、建立支持性的教学环境和促进教师之间的交流与合作，可以有效提升教师的灵活性。

3. 教学资源

教学资源是教育教学过程中的重要组成部分，它们对于提高教学质量和效果具有至关重要的作用。教学资源包括教材、设备、技术支持等多种资源，它们各自发挥着不同的作用，共同促进教学活动的开展。

首先，教材是教学过程中最基本的教学资源。教材内容的选择和编排直接影响着学习者的学习效果。一本优秀的教材应具备科学性、系统性和实用性，能够全面、准确地传达知识点，帮助学习者建立扎实的知识体系。此外，教材还应具有一定的拓展性，能够激发学习者的学习兴趣和创新思维。

其次，教学设备是教学过程中不可或缺的物质资源。它们包括实验室设备、多媒体设备、网络设施等。这些设备为学习者提供了实践操作、直观演示和网络学习等多种途径，丰富了教学手段，提高了教学效果。例如，实验室设备使得学习者能够亲自动手进行实验，加深对知识的理解和记忆；多媒体设备则可以通过图片、音频、视频等多种形式展示知识，提高学习者的学习兴趣。

再次，技术支持也是教学过程中重要的资源之一。随着信息技术的不断发展，越来越多的教育技术被应用到教学中，如在线学习平台、教学管理系统等。这些技术支持不仅提高了教学的便捷性和管理效率，还为学习者提供了个性化的学习资源和服务。

教学资源的不均衡分布仍然是一个亟待解决的问题。例如，在一些学校，由于缺乏足够的实验室设备，实验教学可能不是一个可行的选项。这无疑限制了对学习者实践能力的培养，影响了教学效果。为了解决这一问题，学校和政府应加大对教育资源的投入，确保教学资源充足、均衡地分布，让每个学习者都能享受到优质的教育资源。

总之，教学资源是教育教学过程中的重要保障。教材、设备和技术支持等多种资源共同构成了教学活动的物质基础。为了提高教学质量和效果，学校和教育机构应重视教学资源建设，不断丰富和优化教学资源，为教师和学习者提供更好的教学条件。同时，政府也应加大对教育资源的投入，缩小城乡、区域之间的教育差距，让每个学习者都能享受到公平、优质的教育。

4. 时间资源

时间资源在教学活动中起着至关重要的作用，因为它直接影响着教师的教学方法和学习者的学习进度。不同的教学活动需要不同长度的时间来完成，因此，教师在设计教学计划时必须考虑到对时间资源的分配。

例如，项目式学习是一种以学习者为中心的教学方法，它强调学习者的自主学习、合作学习和实践操作。在这种教学模式下，学习者需要花费较长的时间来完成项目，从而深入理解知识，提高解决问题的能力。项目式学习不仅需要学习者投入时间，还需要教师在项目设计、指导和学习者反馈等方面投入大量的时间和精力。

又如，讲授法是一种传统的教学方法，教师通过口头讲解向学习者传授知识。讲授法可以在较短的时间内传达大量的信息，因此，它适合在有限的时间内快速回顾和巩固知识点。然而，讲授法往往忽视了对学习者的主动性和实践能力的培养，因此，学习者在学习过程中可能难以真正理解和掌握知识。

因此，教师在选择教学方法时，需要充分考虑对时间资源的分配。在时间有限的情况下，教师可能需要权衡各种教学方法的优缺点，选择最适合当前教学目标和时间安排的方法。此外，教师还需要有效地管理时间，确保教学活动按照计划进行，同时给予学习者足够的时间来消化和理解知识。

为了更好地利用时间资源，教师可以采取以下措施。

合理规划教学计划：教师应根据课程目标和学习者的学习需求，合理规划教学计划，确保教学活动有序进行。

提高课堂教学效率：教师可以通过运用现代教育技术、优化教学设计和改进教学方法等方式，提高课堂教学效率，节省时间资源。

给予学习者适量的课后作业：课后作业可以帮助学习者巩固课堂所学知识，但教师应确保作业量适中，避免过度占用学习者的时间。

鼓励学习者自主学习：教师可以引导学习者利用课余时间进行自主学习，提高学习者的时间管理能力，培养学习者的自学能力。

总之，时间资源在教学活动中具有重要意义。教师应充分考虑对时间资源的分配，选择合适的教学方法，提高教学效果。同时，教师还需要有效地管理时间，确保教学活动有序进行，为学习者提供良好的条件。

5.财务资源

财务资源对于教育机构来说是一项重要的资源，它直接影响着教学方法的选择和教学活动的质量。在教育领域，有些教学方法可能需要额外的资金投入，如购买新的教学设备或软件，这些投入对于提升教学效果和学习者的学习体验至关重要。

首先，教学设备的更新和升级需要较大的资金投入。随着科技的不断发展，教育技术也在不断更新，新的教学设备如智能黑板、多媒体教学系统、虚拟实验室等逐渐被应用到教学中。这些设备的引入可以丰富教学手段，提高教学的互动性和趣味性，从而提升学习者的学习兴趣和效果。然而，这些设备的购买和维护往往需要较大的资金支持，对于一些学校来说可能是一笔不小的开销。

其次，教学软件和在线学习平台也需要资金投入。随着互联网技术的发展，越来越多的教学软件和在线学习平台被开发出来，它们可以提供个性化的学习资源和服务，帮助学习者进行自主学习和协作学习。然而，这些软件和平台的购买和使用通常需要支付一定的费用，这对于一些学校来说可能是一笔额外的负担。

再次，教师的专业发展也需要财务资源的支持。教师培训和学术交流活动可以帮助教师更新知识、提高教学能力，但这些活动往往需要一定的资金支持。如果学校无法提供足够的财务资源，可能会限制教师的专业发展，进而影响教学质量和学习者的学习效果。

因此，教育机构在选择教学方法时，需要充分考虑财务资源的状况。在有限的资金下，学校应优先考虑那些性价比高、能够带来显著教学效果的方法。同时，学校也可以通过申请教育经费、寻求社会捐赠和企业赞助等方式来获取额外的财务资源，以支持教学方法的改进和教学活动的开展。

总之，财务资源对于教育机构来说是一项重要的资源，它直接影响着教学方法的选择和教学活动的质量。学校应合理规划财务资源，优先考虑性价比高、能够带来显著教学效果的方法，并积极寻求额外的财务支持，以提升教学效果和学习者的学习体验。

6.学习者反馈

学习者反馈是教学过程中不可或缺的一环，它可以帮助教师了解学习者对不同教学方法的接受程度和效果，从而调整教学策略，使其更符合学习者的需求和期望。

首先，学习者反馈可以帮助教师了解学习者的学习需求。每个学习者都有自己的学习风格和学习需求，教师可以通过学习者的反馈了解他们对知识的掌握程度、学习兴趣和学习困难等，从而更好地调整教学内容和教学方法，满足学习者的个性化学习需求。

其次，学习者反馈可以使教师及时发现教学中的问题。在教学过程中，教师可能无法完全了解每个学习者的学习情况，但学习者反馈可以提供这样的信息。通过学习者的反馈，教师可以发现学习者在学习过程中的困惑和问题，及时调整教学方法和教学内容，提高教学效果。

再次，学习者反馈可以促进教师与学习者之间的沟通和互动。当学习者感到自己的反馈被教师重视和采纳时，他们会更加积极参与课堂活动，与教师和同学进行更多的互动和交流。这种良好的互动和沟通有助于建立和谐的师生关系，提高教学质量和学习者的学习兴趣。

为了充分利用学习者反馈，教师可以采取以下措施。

创造轻松、开放的课堂氛围：教师应鼓励学习者积极表达自己的意见和建议，并尊重学习者的观点，给予肯定和鼓励，让学习者感受到自己的反馈是被重视的。

定期收集学习者反馈：教师可以通过问卷调查、小组讨论、一对一交流等方式定期收集学习者对教学方法、教学内容和教学进度的反馈。

分析学习者反馈，找出问题和不足：教师应对学习者反馈进行认真分析，找出教学中存在的问题和不足，为调整教学策略提供依据。

根据学习者反馈调整教学策略：教师应根据学习者的反馈及时调整教学方法和教学内容，使其更符合学习者的需求和期望。

加强与学习者的沟通和互动：教师应主动与学习者沟通，了解学习者的学习需求和困惑，为学习者提供个性化的指导和帮助。

总之，学习者反馈在教学过程中具有重要意义。教师应充分重视学习者反馈，利用它来调整教学策略，提高教学效果，满足学习者的学习需求。通过积极的学习者反馈，教师可以更好地与学习者沟通和互动，建立和谐的师生关系，为学习者的全面发展创造良好的条件。

7. 教育政策与标准

教育政策与标准是教育工作中不可或缺的一部分，它们对教师的教学方法和学习者的学习目标有着重要的影响。教师在选择教学方法时，需要充分考虑国家或地方的教育政策、课程标准和评估要求，以确保教学活动符合这些规定，同时达到预期的教学效果。

首先，教育政策对教学方法的选择有着直接的指导作用。不同国家或地区有着不同的教育政策，这些政策会对教育的目标、内容和方式提出具体的要求。例如，一些国家强调对学习者的创新能力和实践能力的培养，教师在选择教学方法时就需要考虑到这些要求，采用能够激发学习者创新思维和实践能力的方法，如项目式学习、探究式学习等。

其次，课程标准是教师选择教学方法的重要参考。课程标准规定了学习者应该掌握的知识和技能，以及达到的标准。教师在选择教学方法时，需要根据课程标准的要求，采用能够有效帮助学习者掌握知识和技能的方法。例如，如果课程标准要求学习者具备批判性思维能力，教师就可以采用辩论、讨论等教学方法，来培养学习者的批判性思维能力。

再次，评估要求对教学方法的选择也有着重要影响。评估是教学过程中的重要环节，它可以帮助教师了解学习者的学习情况，也可以用来评价教学方法的有效性。教师在选择教学方法时，需要考虑到评估的要求，采用能够有效地评价学习者学习成果的方法。例如，如果评估要求学习者具备实际操作能力，教师就可以采用实验、实习等教学方法，来评价学习者的操作能力。

为了确保教学方法的选择符合国家或地方的教育政策、课程标准和评估要求，教师可以采取以下措施：认真学习国家或地方的教育政策、课程标准和评估要求，理解其背后的教育理念和目标。根据教育政策、课程标准和评估要求，制定具体的教学目标。选择能够达到教学目标和符合评估要求的教学方法，并合理运用这些方法。定期进行自我评估和同行评估，以确保教学活动符合教育政策、课程标准和评估要求。

总之，教育政策与标准对教师的教学方法选择有着重要的影响。教师应充分考虑这些要求，选择合适的教学方法，以确保教学活动的有效性和学习者的全面发展。通过符合教育政策与标准的教学方法，教师可以更好地实现教育的目标，为学习者的未来奠定坚实的基础。

# 四、职业教育教学方法的选择趋势与发展

## （一）教学方法的创新与融合

在教育技术的推动下，职业教育教学方法正经历着创新与融合的过程。教师不再局限于传统的课堂讲授，而是开始尝试项目教学法、案例教学法和工作过程导向教学法等新型教学方式。这些方法的融合使用，不仅丰富了教学手段，也提高了学习者的学习兴趣和参与度。以下是一些具体的趋势和发展方向。

1.教学方法的创新与融合

教学方法的创新与融合是教育领域不断探索和发展的主题。在新时代背景下，各种新颖的教学方法层出不穷，它们各自有着独特的优势和特点，能够有效提升学习者的学习兴趣和效果。以下是一些教学方法的创新与融合。

项目式学习：项目式学习是一种以学习者为中心的教学方法，通过完成实际项目来培养学习者的实践能力和解决问题的能力。在项目式学习中，学习者需要经历项目策划、实施和总结的全过程，从而提高自主学习、合作学习和批判性思维能力。项目式学习可以应用于各个学科领域，如科学实验、社会调查、艺术创作等，有助于培养学习者的综合素质。

案例教学法：案例教学法是一种通过分析真实或模拟的案例，提高学

习者的批判性思维和决策能力的方法。在案例教学法中，教师会提供具体的案例材料，引导学习者进行深入分析和讨论，从而锻炼学习者的思维能力和问题解决能力。案例教学法适用于法律、商业、医学等职业领域的教育，有助于培养学习者的实战能力。

工作过程导向教学法：工作过程导向教学法是一种模拟真实工作环境，让学习者在实际工作过程中学习和掌握知识技能的教学方法。在这种教学法中，学习者可以接触到真实的工作任务和工具，学会运用所学知识解决实际问题。工作过程导向教学法适用于职业教育和培训领域，有助于培养学习者的职业技能和素养。

跨学科教学：跨学科教学是一种鼓励不同学科之间的融合，培养学习者的综合素养和创新能力的方法。在跨学科教学中，教师会引导学习者从多个学科的角度思考问题，从而促进知识的整合和应用。跨学科教学适用于各个学科领域，有助于培养学习者的创新思维和综合素质。

数字游戏化学习：数字游戏化学习是一种利用游戏元素和机制提高学习的趣味性和互动性的教学方法。在这种教学法中，学习者可以通过游戏化的学习平台和资源，进行自主探索和实践。数字游戏化学习适用于各个学科领域，有助于激发学习者的学习兴趣和动机。

总之，教学方法的创新与融合为教育领域带来了新的机遇和挑战。教育工作者应根据学习者的需求和特点，灵活运用各种教学方法，以提高教学质量和学习者的学习效果。通过不断探索和尝试，职业教育将更好地满足时代发展的需求，为学习者的全面发展和未来就业做好准备。

2. 个性化教学方法的发展

在当今的教育环境中，以学习者为中心的教学理念越来越受到重视。这种理念将学习者置于教学活动的中心，强调根据他们的个体差异提供定制化的学习路径和资源，以培养他们全面发展。

学习者中心：学习者中心教学理念的核心是将学习者放在教学活动的核心位置。这意味着教师需要关注每个学习者的独特需求和学习风格，为他们提供个性化的学习路径和资源。例如，教师可以根据学习者的兴趣、能力和学习进度，设计不同的教学活动和任务，以满足他们的个性化学习需求。这种个性化的教学方法可以帮助学习者更好地掌握知识和发展技能，同时提高他们的学习兴趣和动机。

适应性学习：适应性学习是学习者中心教学理念的重要体现。利用人工智能和大数据分析技术，教师可以为学习者提供即时反馈和个体化学习建议。通过对学习者学习数据的收集和分析，教师可以了解学习者的学习进展和困难，及时调整教学策略和资源，为学习者提供更加适应他们的学习支持。这种个性化的学习体验可以帮助学习者更好地掌握知识和发展技能，提高学习效果和成就感。

终身学习理念：在当今快速变化的社会和职业环境中，终身学习已经成为人们应对不确定性和适应新挑战的重要能力。因此，教育应该鼓励学习者树立终身学习的观念，提供持续的学习支持和资源。教师可以通过提供丰富多样的学习资源和活动，激发学习者的学习兴趣和好奇心，培养他们的自主学习和问题解决能力。同时，教师还可以引导学习者参与社区服务、实习和科研项目等活动，帮助他们将所学知识应用到实际情境中，提高他们的实践能力和创新能力。

总之，学习者中心教学理念是一种以学习者为中心、注重个性化学习和终身发展的教学理念。通过将学习者置于教学活动的中心，根据他们的个体差异提供定制化的学习路径和资源，职业教育可以更好地促进学习者的全面发展和培养终身学习能力。同时，适应化学习和终身学习理念的融入可以进一步提高教学质量和学习者的学习效果，为他们的未来奠定坚实的基础。

3. 智能化教学方法的应用

智能辅导系统：智能辅导系统利用人工智能技术，为学习者提供 24/7 的学习支持和辅导。这种系统通常包括智能问答、自动批改、学习推荐等功能。学习者可以通过智能辅导系统获得及时的解答和指导，这对于解决学习中遇到的问题非常有帮助。同时，智能辅导系统还可以根据学习者的学习情况和需求，提供个性化的学习建议和资源，帮助学习者更有效地学习。

在线学习平台：在线学习平台为学习者提供了灵活的学习时间和地点，促进了资源共享。学习者可以根据自己的时间和进度，随时随地地进行学习。这种灵活性对于工作繁忙的学习者来说尤为重要。同时，在线学习平台还提供了丰富的学习资源和工具，如视频教程、在线讨论、互动测试等，这些都有助于提高学习效果。此外，在线学习平台还可以实现师生之间的即时沟通和互动，增强了学习的互动性和趣味性。

虚拟实验室：虚拟实验室通过虚拟现实技术，为学习者提供安全的实验操作环境，增强实践体验。这种实验室可以模拟真实的实验环境和条件，让学习者在虚拟环境中进行实验操作。这不仅降低了实验风险，还可以让学习者反复进行实验，加深对实验原理和操作的理解。同时，虚拟实验室还可以实现跨地域的实验协作，让学习者在虚拟环境中与他人共同完成实验任务，提高了实验的趣味性和实用性。

综上所述，智能辅导系统、在线学习平台和虚拟实验室都是现代教育技术的重要成果，它们为学习者提供了新的可能性和便利。教育工作者应充分利用这些技术，为学习者提供更加个性化和高效的学习支持，促进学习者的全面发展。同时，教育部门和学校也应加强对这些技术的研发和推广，让更多的学习者受益于现代教育技术的发展。

4.教学方法的国际化趋势

在当今全球化的背景下，发展职业教育不仅需要关注国内市场和需求，还需要与国际教育标准和规范接轨，提升其国际竞争力。

国际标准：职业教育的发展需要遵循国际教育标准和规范，这是提升其国际竞争力的基础。这意味着需要对职业教育体系进行改革和升级，使其课程设置、教学方法、管理模式等与国际接轨。例如，职业教育可以参考国际上知名的职业教育体系，如德国的"双元制"教育、瑞士的职业教育等，结合我国实际情况进行借鉴和创新。同时，职业教育机构还需要加强与国际权威认证机构的合作，通过认证，提升其学历和资格证书的国际认可度。

国际合作：与国际教育机构的合作是引进先进教育理念和教学方法的重要途径。职业教育通过与国际知名职业教育机构的合作，可以引进其先进的课程体系、教学资源和教学理念，提升我国职业教育的质量和水平。此外，还可以与国际教育机构共同开展科研项目、教师培训和学生交流等活动，提升我国职业教育的研究水平和国际化程度。

跨国交流：鼓励学习者和教师参与国际交流和合作项目，是拓宽视野和经验的有效方式。通过国际交流，学习者可以了解不同国家的文化、教育和社会，增长见识，提升跨文化沟通能力。同时，教师也可以通过国际交流，了解先进的教育理念和教学方法，提升自身的教学水平和国际化素养。此外，国际交流还可以促进职业教育领域的国际合作和资源共享，推动职业教育的全球化发展。

总之，职业教育的发展需要紧跟国际潮流，与国际教育标准和规范接轨，加强国际合作，促进跨国交流，这样才能提升其国际竞争力，为我国的经济和社会发展培养更多具有国际视野和能力的人才。职业教育教学方法的选择和发展，需要教师、教育管理者和学习者共同努力，不断探索和实践，以适应社会发展的需求和培养高素质的职业技能人才。

### （二）个性化教学方法的发展

职业教育教学正逐渐重视个性化教学方法，以适应不同学习者的特点和需求。通过采用个性化的教学策略，如差异化教学、自主学习和翻转课堂等，教师能够更好地激发学习者的学习动力，帮助他们实现个性化的发展。个性化教学方法在职业教育中的发展正变得越来越重要。这种教学方法的核心在于满足学习者的个性化需求，发挥他们的主动性和创造性。以下是一些个性化教学方法的实施策略。

1. 差异化教学

在教育领域，差异化教学是一种重要的教学策略，它旨在满足学习者的个性化需求，促进他们的全面发展。差异化教学的核心理念是尊重学习者的差异性，根据他们的能力、兴趣和学习风格，提供不同难度的教学内容和活动，使每个学习者都能在自己的水平上得到挑战和发展。

首先，差异化教学要求教师充分了解每个学习者的特点和需求。这可以通过观察、交流、评估等方式实现。教师需要关注学习者的学习动机、知识基础、学习能力等方面，以便更好地为他们提供个性化的教学支持。

其次，差异化教学要求教师设计不同难度的教学内容和活动。教师可以根据学习者的能力水平，将课程内容分为不同层次，为学习者提供适合他们的学习任务和挑战。此外，教师还可以采用多种教学方法，如小组讨论、项目式学习、实验操作等，以满足学习者的不同学习需求。

再次，差异化教学还强调教师与学习者之间的互动和反馈。教师需要与学习者保持良好的沟通，了解他们在学习过程中的困惑和问题，并及时给予指导和帮助。同时，教师还需要根据学习者的反馈，调整教学策略和内容，以提高教学效果。

最后，差异化教学需要学校和家长的支持和配合。学校需要为教师提供充足的资源和培训，帮助他们更好地实施差异化教学。家长需要了解差异化教学的理念和方法，支持孩子的个性化发展，与他们共同应对学习挑战。

总之，差异化教学是一种以学习者为中心的教学策略，它关注每个学习者的个性化需求，提供适合他们的学习内容和活动。通过差异化教学，职业教育可以更好地促进学习者的全面发展，提高他们的学习兴趣和成就感。在我国教育改革中，差异化教学应成为教师和教育工作者的重要实践方向。

2. 自主学习

当今社会，知识更新迅速，终身学习已成为人们适应社会发展的必备能力。自主学习作为一种有效的学习方式，能够帮助学习者培养自我驱动和自我管理的能力，对于学习者的长远发展具有重要意义。

首先，自主学习强调学习者的主体地位，鼓励他们主动参与学习过程。这要求教师在教学中转变角色，从知识的传递者转变为学习的引导者和协助者。教师应通过设计富有挑战性的学习任务和问题，激发学习者的学习兴趣和好奇心，引导他们主动探索和解决问题。

其次，自主学习需要提供良好的学习环境和资源。学校和教育机构可以建立自主学习平台，提供丰富的在线资源和学习工具，以支持学习者的自主学习。这些资源可以包括在线课程、电子书籍、研究论文、学习工具软件等，帮助学习者获取知识，提高学习效果。

再次，自主学习还强调自我评估和反思的重要性。学习者需要学会对自己的学习过程和成果进行评估，发现自身的优势和不足，并根据评估结果调整学习策略和计划。教师可以引导学习者进行自我评估，提供反馈和建议，帮助他们不断改进学习方法和提高学习效果。

最后，自主学习需要培养学习者的学习习惯和能力。学习者应学会制订学习计划，合理安排时间，培养良好的学习习惯。同时，他们还需要学会信息检索和处理能力，善于利用学习工具和资源，提高学习效率。

总之，自主学习是一种重要的学习方式，它能够帮助学习者培养自我驱动和自我管理的能力，提高学习效果。学校和教育机构应积极推广自主学习，提供良好的学习环境和资源，培养学习者的自主学习能力，为他们的终身学习和发展奠定基础。

3. 翻转课堂

翻转课堂是一种创新的教学模式，它颠覆了传统的教学流程，将课堂讲授和作业练习的时间和空间进行调整，使学习者能够更加自主地学习理论知识，提高课堂的学习效果。

在翻转课堂模式下，教师将传统的课堂讲授内容制作成视频或音频材料，学习者在课前通过网络平台自主学习这些理论知识。这样，学习者可以在自己的时间和节奏下学习，更好地理解和掌握课程内容。同时，学习者也可以通过反复观看和暂停视频，加深对难点的理解和记忆。

在课堂上，学习者已经掌握了理论知识，可以更多地进行讨论、实践和合作学习。教师可以组织学习者进行小组讨论，探讨课程内容的应用和实践，引导学习者进行批判性思考。此外，教师还可以安排学习者进行实验操作、案例分析和项目制作等实践活动，提高学习者的动手能力和实践能力。

翻转课堂模式也有助于提高学习者的自主学习能力和自我管理能力。学习者需要自己安排学习时间，制订学习计划，管理学习进度。这种自主学习的过程，使学习者能够更好地培养自己的学习习惯和学习策略，提高学习效果。

同时，翻转课堂也要求教师角色转变。教师不再是知识的传递者，而是学习的引导者和协助者。教师需要设计富有挑战性的学习任务和问题，引导学习者进行自主学习和合作学习，提供及时的反馈和指导，帮助学习者克服学习中的困难和问题。

总之，翻转课堂是一种创新的教学模式，它通过颠倒课堂讲授和作业练习的顺序，使学习者能够更加自主地学习理论知识，提高课堂的学习效果。这种教学模式有助于培养学习者的自主学习能力和自我管理能力，提高学习效果。随着教育技术的发展和普及，翻转课堂将在未来的教育领域发挥越来越重要的作用。

4. 学习分析

在教育领域，学习分析是一种利用教育技术收集、分析和解释学习者的学习数据的方法，旨在更好地理解学习者的学习模式、需求和行为，从而为教师和学习者提供个性化的学习建议和干预。学习分析是教育数据挖掘的一个重要分支，它关注的是如何从教育数据中提取有价值的信息，以促进学习和教学的优化。学习分析的过程包括数据收集、数据处理、数据分析和数据应用四个环节。

首先，数据收集是学习分析的基础，它从各种来源收集学习者的学习数据，如在线学习平台、学习管理系统、电子作业和考试系统等。这些数据可以包括学习者的学习行为、学习成果、学习时间、学习兴趣等方面。

其次，数据处理是对收集到的数据进行清洗、整合和转换的过程。由于收集到的数据往往存在噪声和不一致性，因此需要进行数据清洗和预处理，以便后续的数据分析和应用。数据处理的目标是生成高质量的数据集，为学习分析提供可靠的数据支持。

再次，数据分析是学习分析的核心环节，它使用统计学、机器学习和教育测量等方法对数据进行分析和挖掘。通过对学习者的学习数据进行分析，可以发现学习者的学习规律、学习习惯和学习需求，为学习者提供个性化的学习建议和干预。例如，通过分析学习者的学习行为数据，可以发现学习者的学习偏好和潜在问题，从而为教师提供针对性的教学策略。

最后，数据应用是学习分析的最终目标，它将分析结果应用于实际的教学和学习中。通过将学习分析的结果转化为实际的教学行动，可以提高教学效果和学习者的学习成果。例如，根据学习分析的结果，教师可以调整教学内容、教学方法和评价方式，以满足学习者的个性化需求。

学习分析在教育领域具有广泛的应用前景，它可以用于支持教学决策、优化教学设计、提高学习效果和促进教育公平等方面。然而，学习分析也面临一些挑战，如数据隐私保护、数据安全和伦理问题等。因此，在实施学习分析时，需要充分考虑这些因素，确保学习者的数据安全和隐私保护。

总之，学习分析是一种利用教育技术收集和分析学习者学习数据的方法，旨在更好地理解学习者的学习模式和需求，为教师和学习者提供个性化的学习建议和干预。随着教育技术的发展和普及，学习分析将在未来的教育领域发挥越来越重要的作用。

5. 模块化教学

模块化教学是一种以学习者为中心的教学模式，它将课程内容分解成多个模块，每个模块都具有明确的学习目标和教学内容。学习者可以根据自己的兴趣、职业规划和学习需求，选择适合自己的学习模块，灵活构建自己的学习路径。这种教学模式具有高度的灵活性和个性化，有助于提高学习者的学习积极性和学习效果。

在模块化教学模式下，课程内容被划分为多个独立的模块，每个模块都涵盖特定的知识点和技能。这些模块可以涵盖不同的主题和领域，如数学、语言、科学、艺术等。学习者可以根据自己的兴趣和职业规划，选择学习哪些模块，以及学习的顺序和进度。

模块化教学模式为学习者提供了个性化的学习体验。学习者可以根据自己的学习能力和节奏，选择适合自己的学习模块。例如，如果学习者在数学方面有特别的兴趣和天赋，他们可以选择深入学习数学模块，而在语言方面相对较弱，则可以选择加强语言模块的学习。这样的个性化学习路径有助于学习者发挥自己的优势，弥补不足，提高学习效果。

此外，模块化教学还鼓励学习者的自主学习和合作学习。学习者需要在课前预习模块内容，课堂上积极参与讨论和实践。通过与其他学习者的合作和交流，学习者可以互相学习，共同解决问题，提高解决问题的能力和团队合作能力。

模块化教学模式也对教师提出了更高的要求。教师需要设计高质量的教学模块，明确学习目标和教学内容，提供丰富的教学资源和活动。同时，教师还需要具备灵活的教学方法和技巧，能够适应不同学习者的学习需求和进度。教师应成为学习者的引导者和协助者，而不仅仅是知识的传递者。

总之，模块化教学是一种以学习者为中心的教学模式，它将课程内容分解成多个模块，学习者可以根据自己的兴趣和职业规划选择学习模块，灵活构建自己的学习路径。这种教学模式具有高度的灵活性和个性化，有助于提高学习者的学习积极性和学习效果。随着教育理念的不断发展和教育技术的进步，模块化教学将在未来的教育领域发挥越来越重要的作用。

6. 项目式学习

项目式学习是一种以学习者为中心的教学方法，它鼓励学习者通过参与实际项目来获取知识和技能。在这种学习模式下，学习者不仅将理论知识应用于实践，还可以根据自己的兴趣选择项目主题，实现个性化学习。项目式学习具有高度的实践性、自主性和创新性，有助于培养学习者的综合素质和能力。

项目式学习的过程通常包括项目选择、项目规划、项目实施和项目评价四个阶段。

首先，项目选择是学习者根据自身兴趣和职业规划选择项目主题的过程。学习者可以根据自己的喜好和特长，选择具有挑战性和实际意义的项目，从而激发学习兴趣和动力。

其次，项目规划是学习者对选定的项目进行详细规划和设计的过程。在这个过程中，学习者需要明确项目目标、制订项目计划、分工合作以及确定时间安排等。项目规划有助于培养学习者的时间管理能力、团队协作能力和解决问题的能力。

再次，在项目实施阶段，学习者根据项目计划开始进行实际操作和探究。这个阶段要求学习者运用所学知识和技能，解决实际问题。在实施过程中，学习者可能会遇到各种困难和挑战，但通过不断尝试和解决问题，他们能够提高自己的实践能力和创新思维。

最后，项目评价是对学习者完成的项目进行评估和反思的过程。评价可以从多个方面进行，如项目成果的质量、学习者的参与程度、团队合作效果等。项目评价不仅有助于学习者了解自己的学习成果，还可以引导他们进行自我反思和改进。

项目式学习具有许多优点。第一，它能够激发学习者的学习兴趣和动力，让学习者在实践中主动探索和解决问题。第二，项目式学习有助于培养学习者的综合素质，如团队合作、沟通能力和创新思维。第三，项目式学习还可以提高学习者的职业能力，使他们更好地适应未来的职业生涯。

项目式学习也面临一些挑战，如项目质量的控制、学习者参与度的保证以及评价体系的建立等。为了克服这些挑战，教师需要提供适当的指导和支持，同时培养学习者的时间管理能力和自我驱动能力。

总之，项目式学习是一种以学习者为中心的教学方法，它鼓励学习者通过参与实际项目将理论知识应用于实践，并根据自己的兴趣实现个性化学习。这种学习模式有助于培养学习者的综合素质和能力，提高学习效果。随着教育理念的不断发展和教育技术的进步，项目式学习将在未来的教育领域发挥越来越重要的作用。

7. 导师制度

导师制度是一种教育模式，通过为学习者分配导师，提供职业规划、学习策略和心理支持等个性化指导，帮助学习者更好地发展。在导师制度下，学习者可以得到更全面的关注和指导，从而提高学习效果和个人素质。

在导师制度中，导师的角色不仅仅是传递知识，更重要的是为学习者提供个性化的指导和支持。导师需要了解学习者的兴趣、特长、需求和困惑，为他们提供有针对性的建议和指导。在职业规划方面，导师可以帮助学习者了解各种职业的特点和要求，引导他们根据自己的兴趣和能力制定合适的职业规划。在学习策略方面，导师可以为学习者提供学习方法和建议，帮助他们提高学习效率和成果。此外，导师还可以为学习者提供心理支持，倾听他们的心声，帮助他们解决心理问题和困惑。

导师制度具有以下优点。首先，它能够提高学习者的学习效果。通过导师的个性化指导，学习者可以更好地掌握知识，提高学习兴趣和动力。其次，导师制度有助于培养学习者的综合素质。在导师的指导下，学习者可以更好地发展自己的兴趣爱好，参加各类实践活动，提高自己的综合素质。最后，导师制度还可以促进学习者的心理健康。在导师的关心和支持下，学习者可以更好地应对学习和生活中的压力，保持良好的心理状态。

实施导师制度也面临一些挑战。例如，导师需要具备丰富的知识和经验，能够为学习者提供有价值的指导。导师还需要具备良好的沟通和倾听能力，能够与学习者建立良好的关系。同时，实施导师制度还需要相应的资源和制度支持，如保证导师的工作时间和待遇等。

总之，导师制度是一种通过为学习者分配导师，提供职业规划、学习策略和心理支持等个性化指导的教育模式。这种模式有助于提高学习者的学习效果和个人素质，促进学习者的全面发展。随着教育理念的不断发展和教育技术的进步，导师制度将在未来的教育领域发挥越来越重要的作用。

个性化教学方法的发展需要教师具备更高的教学设计能力和对学习者需求的敏感度，同时也需要学校提供必要的技术支持和资源。通过这些方法，职业教育可以更好地满足学习者的个性化需求，帮助他们发展成为具有竞争力的人才。

## （三）智能化教学方法的应用

智能化教学方法的应用为职业教育带来了新的机遇。通过引入智能辅导系统、在线学习平台和虚拟仿真技术等，教师能够为学习者提供更加灵活和便捷的学习体验。智能化教学不仅提高了教学效率，也增强了学习者的实践操作能力。

以下是智能化教学方法的一些具体的优势和应用。

1. 智能辅导系统

智能辅导系统是一种利用人工智能技术为学习者提供个性化学习建议和反馈的系统。它能够根据学习者的学习进度和理解程度，为学习者量身定制合适的学习计划和资源，帮助学习者更高效地学习和掌握知识。智能辅导系统通过分析学习者的学习数据，可以准确识别学习者的弱点和发展需求。它运用先进的算法和大数据分析技术，对学习者的学习行为、成绩和练习结果进行深入挖掘，从而发现学习者的知识盲点和理解不足之处。基于这些分析结果，智能辅导系统能够为学习者提供有针对性的练习和辅导内容。

智能辅导系统还能够根据学习者的学习进度和时间安排，为学习者推荐适当的学习资源和任务。它可以根据学习者的需求，为学习者提供不同难度和类型的学习材料，帮助学习者拓展知识面和提高学习能力。同时，智能辅导系统还可以提醒学习者按时完成学习任务，帮助他们养成良好的学习习惯。

此外，智能辅导系统还具备即时反馈和评估功能。它能够对学习者提交的答案进行自动批改和评价，提供及时的反馈和指导。通过智能辅导系统的评估结果，学习者可以了解自己的学习情况和进步空间，从而调整学习策略和提高学习效果。

智能辅导系统的应用场景非常广泛。它可以用于学校教育中的课堂教学和课后辅导，帮助学习者巩固知识和发展能力。智能辅导系统还可以用于在线教育和远程学习，为学习者提供自主学习和远程辅导的机会。在未来的教育发展中，智能辅导系统有望成为个性化学习的重要工具，帮助更多学习者实现高效学习和全面发展。

2. 在线学习平台

在线学习平台是一种利用互联网技术为学习者提供便捷学习资源的平台。它打破了传统学习的时空限制，使学习者能够随时随地进行学习，提高了学习效率和灵活性。

在线学习平台提供了丰富的学习资源和互动工具，帮助学习者更有效地学习和掌握知识。这些平台汇聚了各类优质的教育资源，包括电子教材、教学视频、习题库和在线课程等。学习者可以根据自己的需求和兴趣选择合适的学习材料，进行自主学习和复习。此外，在线学习平台还提供了各种互动工具，如讨论区、问答区和协作工具等。学习者可以通过这些工具与其他学习者进行交流和合作，共同解决问题和分享学习经验。

在线学习平台还实现了资源共享，使优质教育资源惠及更多学习者。传统的教育资源往往受到地域和时间的限制，只有少数学习者能够接触到优质的教育资源。而在线学习平台可以将这些资源上传到互联网上，让全国乃至全世界的学习者都能够共享。这样，学习者无论身处何地，都能够获得优质的教育资源，提高自己的学习水平和能力。

在线学习平台还具有其他优势。例如，它提供了个性化的学习推荐和智能辅导功能。通过分析学习者的学习数据和行为，在线学习平台能够为学习者推荐适合他们的学习内容和练习题，帮助学习者更高效地学习和提高。在线学习平台还可以实现远程教学和在线辅导，使学习者能够得到教师的专业指导和帮助。

总之，在线学习平台是一种利用互联网技术为学习者提供便捷学习资源和互动工具的平台。它使学习者能够随时随地进行学习，提高了学习效率和灵活性。在线学习平台还实现了资源共享，使优质教育资源惠及更多学习者。随着互联网技术的不断发展和教育理念的创新，在线学习平台将在未来的教育领域发挥越来越重要的作用。

3. 虚拟仿真技术

虚拟仿真技术是一种利用虚拟现实和增强现实技术为学习者提供实践操作机会的教育技术。通过这种技术，学习者可以在安全的虚拟环境中进行实践操作，提高学习兴趣和实践操作能力。

虚拟现实技术通过为学习者提供沉浸式的学习体验，使他们能够身临其境地参与到学习过程中。学习者可以佩戴 VR 头盔和手持控制器，进入虚拟教室或实验室，进行实时的实践操作。例如，学习者可以在虚拟环境中进行手术操作、飞行模拟和化学实验等，亲身体验和学习相关知识。这种沉浸式的学习方式能够激发学习者的学习兴趣，提高他们的学习动力和参与度。

增强现实技术则通过在现实世界中叠加虚拟元素，为学习者提供实时的指导和支持。学习者可以通过智能手机或 AR 眼镜，看到现实世界中的物体和场景与虚拟元素的结合。例如，学习者可以在历史课上通过 AR 技术看到古代建筑的虚拟图像，增强对历史知识的理解和记忆。AR 技术还可以在数学课上用于直观地展示几何图形和公式，帮助学习者更好地理解和应用数学知识。

虚拟仿真技术不仅提供了实践操作的机会，还能够降低学习风险和成本。在虚拟环境中进行实践操作，学习者可以不用担心犯错带来的后果，大胆尝试和探索。这对于一些高风险和昂贵的实践操作尤为重要，如航空驾驶、机器人编程和危险化学实验等。通过虚拟仿真技术，学习者可以在安全的环境中进行实践，提高自己的技能和能力。

此外，虚拟仿真技术还可以实现远程学习和协作。学习者可以通过网络连接，进入共享的虚拟教室或实验室，与教师和其他学习者进行互动和合作。这种远程学习和协作的方式打破了地域限制，使学习者能够与全国乃至全球的学习者共同学习和交流，拓展自己的视野和知识面。

总之，虚拟仿真技术是一种利用虚拟现实和增强现实技术为学习者提供实践操作机会的教育技术。它通过安全的虚拟环境和沉浸式的学习体验，提高了学习者的学习兴趣和实践操作能力。虚拟仿真技术不仅降低了学习风险和成本，还实现了远程学习和协作，为学习者的全面发展提供了更多机会和可能性。随着技术的不断进步和教育理念的创新，虚拟仿真技术将在未来的教育领域发挥越来越重要的作用。

4. 远程协作工具

智能化教学方法的发展为教育领域带来了许多创新的工具和平台，其中远程协作工具尤为重要。这些工具包括视频会议、在线协作平台等，它们使得学习者和教师能够进行有效的远程沟通和协作，无论他们身处何地。

视频会议是一种远程沟通工具，它允许学习者和教师通过网络进行实时对话和交流。通过视频会议，学习者可以与教师进行面对面的沟通，提出问题、解答疑惑，就像在传统的课堂中一样。同时，教师也可以通过视频会议向学习者展示教学内容，进行讲解和演示。这种实时沟通的方式能够增强学习者的参与感和学习效果。

在线协作平台则是为学习者提供协作学习的工具。这些平台允许学习者之间进行文件共享、协作编辑和项目合作，即使他们身处不同的地点。学习者可以在平台上共同工作，共同完成任务和项目，培养团队合作和沟通能力。这种协作学习的方式模拟了现实工作中的团队协作场景，帮助学习者更好地适应未来工作的需求。

远程协作工具在职业教育中尤为重要。职业教育注重培养学习者的实际工作能力和职业技能，而远程协作工具正好能够提供这样的机会。通过远程协作，学习者可以与来自不同地区和背景的同行进行合作，共同解决问题和完成项目。这种跨地域的协作能够培养学习者的跨文化交流能力和团队合作能力，使他们更好地适应全球化的工作环境。

此外，远程协作工具还能够提高教育的灵活性和可及性。对于那些因为地理位置、时间安排或其他原因无法参加传统课堂的学习者来说，远程协作工具为他们提供了学习的机会。他们可以通过远程协作工具与教师和其他学习者进行互动和协作，获得高质量的教育资源和服务。

总之，远程协作工具是智能化教学方法中重要的一部分。它们通过提供视频会议和在线协作平台，使学习者和教师能够进行有效的远程沟通和协作。远程协作工具不仅增强了学习者的学习效果和参与感，还能够模拟现实工作中的团队协作场景，培养学习者的实际工作能力和职业技能。随着技术的不断进步和教育理念的创新，远程协作工具将在未来的教育领域发挥越来越重要的作用。

5. 自动评估与反馈

在当今的教育领域，技术的进步已经使得智能系统能够自动评估学习者的学习成果，并提供即时反馈。这种自动评估与反馈的功能为学习者提供了更快、更准确的学习评估方式，有助于他们及时了解自己的学习情况，并根据反馈做出相应的调整。

智能系统能够通过各种方式收集学习者的学习数据，如作业、考试、在线互动和课堂参与度等。通过对这些数据的分析和处理，智能系统能够自动评估学习者的学习成果，并给出具体的分数或评级。这种自动评估的方式不仅节省了教师的时间和精力，还能够提供更准确和一致的评估结果。

更重要的是，智能系统能够提供即时反馈给学习者。当学习者提交作业或完成练习后，系统能够立即给出评估结果和反馈意见。学习者可以根据这些反馈及时了解自己的学习情况，发现自己的不足之处，并进行相应的调整和改进。这种即时反馈的方式能够帮助学习者更快地学习和进步，提高学习效率和成果。

自动评估与反馈的功能还有助于学习者发展自我学习和自我评估的能力。通过定期接受智能系统的评估和反馈，学习者能够逐渐学会如何自我监控和调整学习策略。他们可以了解到自己在哪些方面需要加强，在哪些方面已经取得了进步，从而更好地规划自己的学习计划和目标。

此外，自动评估与反馈还能够促进教师的个性化教学和辅导。智能系统能够根据学习者的学习成果和反馈，为教师提供有关学习者学习情况的详细报告和建议。教师可以根据这些报告和建议，了解学习者的学习需求和困难，提供更加个性化的教学和辅导。这种个性化的教学方式能够更好地满足学习者的学习需求，提高教学效果和质量。

总之，自动评估与反馈是智能化教学方法中重要的一部分。智能系统能够自动评估学习者的学习成果，并提供即时反馈，帮助学习者及时了解自己的学习情况，并根据反馈做出相应的调整。这种自动评估与反馈的方式不仅提高了学习效率和成果，还能够促进学习者的自我学习和自我评估能力，以及为教师的个性化教学和辅导提供依据。随着技术的不断进步和教育理念的创新，自动评估与反馈将在未来的教育领域发挥越来越重要的作用。

6. 数据驱动的决策

在教育领域，智能化教学方法的应用带来了大量的学习数据。这些数据包括学习者的学习成绩、学习行为、课堂参与度、作业完成情况等。通过对这些数据的收集和分析，教育者能够更好地理解学习者的学习模式和需求，从而做出更加精准的教育决策。

数据驱动的决策是基于数据分析和统计的方法来做出决策。与传统的基于经验和直觉的决策方式相比，数据驱动的决策更加科学和准确。通过对大量学习数据的分析，教育者能够发现学习者的学习规律和趋势，识别学习者的优势和劣势，从而制定更加有效的教学策略。

数据驱动的决策可以帮助教育者发现学习者的学习需求和问题。通过对学习者的学习数据的分析，教育者能够了解学习者在哪些方面存在困难，哪些方面需要加强。例如，通过分析学习者的考试成绩和作业完成情况，教育者可以发现学习者在哪些学科或知识点上存在问题，从而及时提供相应的辅导和支持。

数据驱动的决策可以帮助教育者评估和优化教学方法和教学资源的使用。通过对学习者的学习数据的分析，教育者可以了解哪些教学方法对学习者更有效，哪些教学资源更能满足学习者的学习需求。例如，通过分析学习者的在线学习行为和成绩，教育者可以了解哪些在线教学资源和工具对学习者更有帮助，从而优化教学资源和教学方法的使用。

数据驱动的决策还可以帮助教育者进行学习者管理和班级管理。通过对学习者的学习数据的分析，教育者可以了解学习者的学习进度和表现，及时发现和解决学习者的问题。例如，通过分析学习者的出勤情况和课堂表现，教育者可以了解学习者的学习态度和参与度，从而采取相应的管理措施，提高学习者的学习效果和参与度。

总之，数据驱动的决策是智能化教学方法中重要的一部分。通过对学习者的学习数据的收集和分析，教育者能够更好地理解学习者的学习模式和需求，从而做出更加精准的教育决策。数据驱动的决策不仅提高了教育的效果和质量，还能够促进教育的个性化和差异化发展。随着技术的不断进步和教育理念的创新，数据驱动的决策将在未来的教育领域发挥越来越重要的作用。

综上所述，智能化教学方法的应用不仅提高了教学效率，也极大地丰富了教学内容和形式，使职业教育更加贴近现实工作环境，更有效地培养学习者的职业技能。

## （四）教学方法的国际化趋势

职业教育教学方法的国际化趋势体现在教师越来越多地借鉴国际先进的教学理念和实践。通过引进国际化的教学方法，如合作学习、项目驱动学习和跨文化教学等，职业教育能够培养具有国际视野和竞争力的人才。这种趋势促进了职业教育的全球化和可持续发展。

以下是一些具体的国际化教学方法和发展趋势。

1. 合作学习

合作学习是一种教学方法，它强调学习者之间的合作和团队精神。在这种教学模式下，学习者通过小组讨论、共同研究和协作项目，学习如何在国际团队中有效沟通和协作。这种教学方法不仅能够提高学习者的学术成绩，还能够培养他们的社交技能、团队精神和跨文化交流能力。

合作学习首先要求学习者进行分组，每组成员通常在 2 到 6 人之间。分组时，教师会考虑学习者的能力、性格和学习风格，以确保小组成员之间的互补性。分组后，教师会为学习者提供一项共同的任务或问题，要求他们在小组内进行讨论和解决。这种任务或问题通常需要团队成员之间的密切合作和信息共享。

在合作学习的过程中，学习者可以学习如何分配任务、制订计划、解决问题和评估成果。他们需要学会倾听他人的观点，尊重他人的意见，并有效地表达自己的想法。此外，他们还需要学会如何处理团队内部的冲突和分歧，以达成共识和共同的目标。

合作学习不仅能够提高学习者的学术成绩，还能够培养他们的社交技能和团队精神。通过与他人合作，学习者可以学习如何与他人建立良好的关系，如何进行有效的沟通和协作。这些技能对于他们未来的学习和职业发展都具有重要意义。

此外，合作学习还能够培养学习者的跨文化交流能力。在小组合作的过程中，学习者可以与来自不同文化背景的同学进行交流和合作。他们可以学习如何理解和尊重他人的文化差异，如何有效地与不同文化背景的人进行沟通和协作。这种跨文化交流能力对于他们未来的职业发展具有重要意义。

总之，合作学习是一种重要的教学方法，它强调学习者之间的合作和团队精神。通过小组讨论、共同研究和协作项目，学习者可以学习如何在国际团队中有效沟通和协作。这种教学方法不仅能够提高学习者的学术成绩，还能够培养他们的社交技能、团队精神和跨文化交流能力。

2. 项目驱动学习

项目驱动学习是一种教学方法，通过完成实际项目来培养学习者的实践能力和解决问题的能力。这种方法强调学习者的参与和实践，使他们能够在实际项目中应用所学的知识和技能。项目通常涉及跨学科的知识和技能，要求学习者在国际背景下进行合作和交流。

项目驱动学习的第一步是确定项目主题和目标。教师会根据学习者的兴趣和所学专业，选择一个具有挑战性和实际意义的项目主题。项目目标会明确学习者在项目中需要达到的预期成果和标准。确定项目主题和目标后，学习者就可以开始进行项目规划和实施。

在项目规划阶段，学习者需要制订详细的项目计划，包括项目的时间表、任务分配、资源需求等。他们需要明确每个阶段的任务和目标，并制订相应的时间表和计划。在项目实施阶段，学习者需要根据项目计划进行实际操作和任务完成。他们需要运用所学的知识和技能，解决项目中遇到的问题和挑战。

项目驱动学习的一个重要特点是学习者的合作和交流。项目通常需要学习者在国际背景下进行合作，与来自不同文化背景的同学共同解决问题。这要求学习者具备良好的沟通能力和团队合作精神。在项目过程中，学习者需要进行多次讨论和交流，分享彼此的想法和经验，共同解决问题和做出决策。

项目驱动学习的另一个特点是跨学科的知识和技能的应用。项目通常涉及多个学科的知识和技能，学习者需要综合运用不同学科的知识来解决问题。这要求学习者具备良好的知识整合能力和创新思维能力。在项目过程中，学习者需要不断学习和探索，寻找新的解决方案和创意。

项目驱动学习不仅能够培养学习者的实践能力和解决问题的能力，还能够培养他们的沟通能力和团队合作精神。通过完成实际项目，学习者可以将所学的知识和技能应用到实践中，提高自己的综合素质和能力。同时，通过与国际背景下的合作和交流，学习者可以拓宽自己的视野，增加跨文化交流的经验。

总之，项目驱动学习是一种有效的教学方法，通过完成实际项目来培养学习者的实践能力和解决问题的能力。项目通常涉及跨学科的知识和技能，要求学习者在国际背景下进行合作和交流。这种教学方法不仅能够提高学习者的学术成绩和实践能力，还能够培养他们的沟通能力和团队合作精神。随着全球化和国际化的趋势，项目驱动学习将在未来的教育领域发挥越来越重要的作用。

3. 跨文化教学

跨文化教学是一种注重培养学习者的跨文化沟通能力和理解的教学方法。在全球化和国际化的背景下，这种教学方法变得越来越重要。跨文化教学的目标是使学习者能够理解和尊重不同文化背景下的价值观、信仰、行为和沟通方式，从而更好地与来自不同文化背景的人进行交流和合作。

跨文化教学的一种方式是邀请国际嘉宾做讲座。通过邀请来自不同文化背景的国际嘉宾，学习者可以了解到真实的文化经验和观点。国际嘉宾可以分享他们的文化背景、价值观和思维方式，使学习者能够更好地理解不同文化之间的差异和相似之处。这种讲座可以帮助学习者建立起与不同文化的联系，增强他们的跨文化意识。

另一种跨文化教学的方式是组织国际交流活动。通过参与国际交流活动，学习者有机会与来自不同文化背景的同学进行面对面的交流和互动。他们可以在活动中共同工作、讨论问题、分享经验，从而培养跨文化沟通能力和团队合作精神。这种交流活动不仅能够提高学习者的语言能力，还能够拓宽他们的视野，增加他们对不同文化的理解和尊重。

跨文化教学还可以通过使用多媒体材料来介绍不同文化背景下的职业实践。多媒体材料可以包括视频、纪录片、案例研究等，它们能够提供丰富的文化信息和实践经验。通过观看和分析这些多媒体材料，学习者可以了解到不同文化背景下的职业行为和职业道德，从而更好地为自己在国际职场中的发展做准备。

跨文化教学不仅能够培养学习者的跨文化沟通能力和理解，还能够提高他们的全球视野和跨文化竞争力。在全球化的世界中，能够与来自不同文化背景的人进行有效沟通和合作是非常重要的。通过跨文化教学，学习者能够更好地适应和融入国际社会，为自己的职业发展打下坚实的基础。

总之，跨文化教学是一种重要的教学方法，它注重培养学习者的跨文化沟通能力和理解能力。通过邀请国际嘉宾做讲座、组织国际交流活动和使用多媒体材料，学习者可以了解到不同文化背景下的价值观、信仰、行为和沟通方式。这种教学方法不仅能够提高学习者的跨文化沟通能力，还能够拓宽他们的视野，增加他们对不同文化的理解和尊重。随着全球化和国际化的趋势，跨文化教学将在未来的教育领域发挥越来越重要的作用。

4. 国际标准与认证

职业教育机构为了提升教学质量和学位的竞争力，可能会采用国际认可的标准和认证体系。这种做法有助于学习者在全球就业市场中具有更高的认可度。

首先，采用国际认可的标准和认证体系有助于职业教育机构提升教学质量。这些标准和认证体系通常由国际权威机构制定，具有严格的要求和评估流程。职业教育机构需要根据这些标准和认证体系进行自我评估和改进，以确保其教学水平和质量达到国际水平。这有助于确保学习者能够获得高质量的教育和培训，提高他们的综合素质和能力。

其次，国际认可的学位和资格证书能够增加学习者在全球就业市场的竞争力。在全球化的背景下，雇主越来越注重候选人的国际背景和经验。拥有国际认可的学位和资格证书的学习者通常更受雇主青睐，因为他们具备国际化的视野和跨文化沟通能力。此外，国际认可的学位和资格证书还能够帮助学习者在求职过程中脱颖而出，增加他们的就业机会和职业发展潜力。

为了获得国际认可的标准和认证，职业教育机构需要遵循一系列的流程和要求。这通常包括提交申请、进行自我评估、接受现场评估、提交年度报告等。这些流程和要求有助于确保机构的教学质量和学位的竞争力。此外，获得国际认可的标准和认证还需要机构与国际社会保持紧密的联系和合作，参与国际交流和合作项目，分享经验和最佳实践。

总之，采用国际认可的标准和认证体系是职业教育机构提升教学质量和学位竞争力的重要途径。这有助于学习者在全球就业市场中具有更高的认可度，增加他们的就业机会和职业发展潜力。通过遵循国际标准和认证要求，职业教育机构能够提供高质量的教育和培训，培养出具备国际化视野和能力的毕业生。随着全球化和国际化的趋势，国际标准与认证将在未来的职业教育领域发挥越来越重要的作用。

5. 在线国际交流平台

在当今全球化和数字化的时代，在线国际交流平台成为连接世界各地学习者和教师的桥梁。这些平台提供了丰富的资源和工具，使学习者和教师能够方便地进行交流和合作，分享经验，学习新的教学方法和技术。

首先，在线国际交流平台为学习者和教师提供了丰富的学习资源。这些平台上有来自世界各地的优质教育资源，包括课程、讲座、案例研究等。学习者和教师可以随时随地访问这些资源，了解不同领域的最新发展和研究成果。此外，这些平台还提供了各种在线工具，如视频会议、讨论区、共享文档等，使学习者和教师能够方便地进行交流和合作。

其次，在线国际交流平台促进了学习者和教师之间的互动和合作。学习者和教师可以通过平台上的讨论区、论坛等渠道，与其他国家和地区的同行进行交流和讨论。他们可以分享自己的经验和见解，互相学习和借鉴。此外，学习者和教师还可以通过平台上的视频会议功能，进行实时通话和会议，共同解决问题和讨论项目。这种互动和合作不仅能够拓宽学习者的视野，还能够提高他们的跨文化沟通能力和团队合作能力。

再次，在线国际交流平台还为学习者和教师提供了学习新的教学方法和技术的机会。平台上有很多关于教学方法和技术的学习资源和教程，学习者和教师可以学习如何运用这些方法和技术来提高教学质量和效果。此外，学习者和教师还可以通过平台上的社区和讨论组，与其他同行分享和交流教学经验和心得。这种学习和分享的过程能够促进学习者和教师的个人成长和专业发展。

总之，在线国际交流平台是一种重要的教育工具，它为学习者和教师提供了丰富的学习资源、互动和合作的机会，以及学习新的教学方法和技术的机会。通过利用这些平台，学习者和教师可以拓宽自己的视野，提高跨文化沟通能力和团队合作能力，促进个人成长和专业发展。随着数字化的不断进步，在线国际交流平台将在未来的教育领域发挥越来越重要的作用。

6.国际实习和工作经验

职业教育机构深知理论知识与实际工作经验相结合的重要性，因此，他们积极鼓励学习者参与国际实习和工作经验项目。这些项目不仅使学习者有机会在实际工作环境中应用所学知识和技能，而且还能帮助他们建立国际职业网络，为未来的职业生涯打下坚实基础。

参与国际实习和工作经验项目的学习者可以将所学的理论知识与实际工作相结合，从而更好地理解并掌握专业知识。在实习过程中，学习者可以在专业人士的指导下，亲自参与各项工作，了解行业现状，熟悉工作流程，提高自己的职业技能。此外，实习还能帮助学习者发现自身的不足，激发他们学习的动力，以便在今后的学习中更加有针对性地提升自己。

国际实习和工作经验项目还能帮助学习者建立国际职业网络。在全球化的今天，拥有广泛的人际关系和职业联系显得尤为重要。通过参与这些项目，学习者可以结识来自世界各地的同行，了解不同文化背景下的工作方式和思维模式。这有助于拓宽学习者的视野，提高他们的跨文化沟通能力。同时，国际职业网络也有助于学习者在毕业后找到合适的工作机会，甚至可能为他们带来国际合作和交流的机会。

为了更好地开展国际实习和工作经验项目，职业教育机构可以与国外的企业、高校和专业机构建立合作关系。通过这些合作，学习者可以获得更多实习机会，并在实习过程中得到更好的指导和培养。此外，机构还可以为学习者提供实习前的培训，帮助他们了解目的国的文化、法律和习俗，以便更好地适应实习环境。

总之，国际实习和工作经验项目是职业教育机构为学习者提供的重要实践机会。这些项目有助于学习者将所学知识与实际工作相结合，提高职业技能，并建立国际职业网络。随着全球化和国际化的不断发展，国际实习和工作经验将在职业教育领域发挥越来越重要的作用。职业教育机构应继续加大对这些项目的投入和推广，为学习者提供更多宝贵的学习和成长机会。

职业教育的国际化趋势不仅有助于提高教学质量和学习者的国际竞争力，还有助于促进全球教育和经济的发展。通过与国际教育机构和企业的合作，职业教育机构可以不断引进新的教学理念和实践，以更好地满足全球化和可持续发展的需求。

# 第三节 职业教育的评价体系

## 一、职业教育评价体系的构建策略

### （一）多元化评价目标，注重学习者全面发展

职业教育评价体系应涵盖学习者的知识、技能、态度和能力等多个方面，以促进学习者全面发展。

职业教育评价体系不仅关注学习者对知识的掌握程度，也关注学习者的技能应用、态度形成和能力发展。这样的评价体系有助于全面、客观地评估学习者的学习成果，从而更好地促进学习者的全面发展。

具体来说，职业教育评价体系可以包括以下几个方面。

1. 知识掌握

在教育过程中，评价学习者对所学理论知识的理解和记忆程度是一个重要的环节。这不仅可以帮助教师了解学习者的学习情况，还可以为学习者提供反馈，帮助他们调整学习策略，提高学习效果。以下是一些评价学习者知识掌握程度的方法。

课堂提问：教师可以通过课堂提问的方式，了解学习者对理论知识的理解程度。这包括对概念、原理、公式等的理解和运用。通过学习者的回答，教师可以判断他们是否能够准确地理解和记住所学知识。

作业和练习：作业和练习是学习者巩固和应用所学知识的重要途径。通过学习者的作业和练习，教师可以评估他们是否能够正确地运用所学知识解决问题。

考试和测验：考试和测验是评价学习者知识掌握程度的重要手段。通过考试和测验，教师可以全面了解学习者对所学知识的掌握情况。这包括对知识的记忆、理解和应用能力。

小组讨论和合作：小组讨论和合作可以促进学习者之间的交流和思维碰撞。通过观察学习者在讨论和合作中的表现，教师可以了解他们是否能够理解和运用所学知识。

项目和研究：项目和研究是学习者将所学知识应用于实际问题的过程。通过学习者的项目和研究，教师可以评估他们是否能够将理论知识与实际相结合，解决实际问题。

口头报告和演示：口头报告和演示是学习者展示自己对所学知识的理解和应用能力的方式。通过学习者的口头报告和演示，教师可以了解他们是否能够清晰地表达自己的观点，并运用所学知识进行论证。

自我评价和同伴评价：自我评价和同伴评价是学习者对自己和他人学习成果的评价。通过学习者的自我评价和同伴评价，教师可以了解他们是否能够正确地认识自己的优点和不足，并进行相应的调整。

综上所述，评价学习者对所学理论知识的理解和记忆程度需要多种方法的结合。教师可以根据学习者的具体情况和课程特点，选择合适的评价方法，以全面、准确地了解学习者的知识掌握程度。同时，教师还应根据评价结果，及时调整教学策略，帮助学习者提高学习效果。

2. 技能应用

技能应用是职业教育和培训中的一个重要环节，它能够检验学习者将理论知识转化为实际操作能力的效果。在不同的专业领域，技能应用的具体内容和要求各不相同，但总体上，它主要关注学习者在实际操作中运用所学技能的能力。以下是一些评价学习者在实际操作中技能应用能力的方法。

动手能力：动手能力是技能应用的基础，它包括学习者在实际操作中准确、快速、熟练地完成各项任务的能力。评价学习者的动手能力，可以通过观察他们在实验、操作演示、现场施工等环节的表现来实现。

编程能力：编程能力是计算机科学和相关领域的重要技能。评价学习者的编程能力，可以通过考察他们完成编程项目、解决编程难题、参与编程竞赛等活动来实施。

设计能力：设计能力是艺术、工业、工程等领域的重要技能。评价学习者的设计能力，可以通过评估他们的设计作品、设计方案、设计创新等方面来进行。

沟通能力：沟通能力是职场中不可或缺的技能。评价学习者的沟通能力，可以通过观察他们在团队协作、项目汇报、客户交流等场景中的表现来判断。

团队协作能力：团队协作能力是职场中的一项重要技能。评价学习者的团队协作能力，可以通过考察他们在团队项目、团队活动、团队合作中的角色和贡献来评估。

问题解决能力：问题解决能力是职场中应对各种挑战的关键。评价学习者的问题解决能力，可以通过设置问题情境，让学习者在实际操作中展示他们分析问题、制定解决方案、实施解决方案的过程。

创新能力：创新能力是推动社会进步的关键因素。评价学习者的创新能力，可以通过考察他们的创新项目、创新思路、创新成果等方面来实施。

安全意识：安全意识是工业生产、实验操作等领域必须具备的技能。评价学习者的安全意识，可以通过检查他们在实际操作中遵守安全规范、处理安全事故的表现来判断。

综上所述，评价学习者在实际操作中运用所学技能的能力，需要采用多种方法相结合的方式。教师和评估者应根据学习者的专业特点和课程要求，选择合适的评价方法，全面、客观地评估学习者的技能应用能力。同时，根据评价结果，为学习者提供有针对性的指导和训练，帮助他们提高技能应用能力，为未来的职业生涯做好准备。

3.态度形成

态度形成是职业教育中一个至关重要的环节，它关乎学习者对所学专业或职业的认同感和责任感。评价学习者在学习过程中对专业或职业的态度，可以帮助我们了解他们的心理变化，进而采取有效的教育措施，提高教学质量和学习者的职业素养。

专业认同感是指学习者对所学专业的认同程度，包括对专业知识的掌握、对专业价值的认识以及对专业发展的信心。具有强烈专业认同感的学习者，往往学习积极性高，对专业知识和技能掌握得更加扎实。因此，评价学习者的专业认同感，有助于我们了解学习者对专业的兴趣和热情，进而采取措施激发他们的学习动力。

职业责任感是指学习者在学习过程中逐渐形成的对将来所从事职业的责任感。具有职业责任感的学习者，会更加关注职业发展趋势，积极提高自己的职业技能，为将来投身职业领域做好准备。评价学习者的职业责任感，有助于我们了解他们对未来职业的期待和担当，从而更好地引导他们规划职业生涯。

为了评价学习者的态度形成，职业教育机构可以采取多种方法，如问卷调查、访谈、观察等。通过这些方法，教师可以了解学习者在学习过程中的心理变化，及时发现问题并采取针对性的教育措施。此外，教师还可以通过设置实践环节、组织专业活动等方式，引导学习者将所学知识应用于实际，增强他们的专业认同感和职业责任感。

总之，态度形成在职业教育中具有重要意义。通过评价学习者对所学专业或职业的态度，我们可以了解他们的心理变化，采取有效的教育措施，提高教学质量和学习者的职业素养。随着职业教育的发展，态度形成评价将成为教育工作者关注的重点，为学习者提供更有针对性的教育支持和指导。

4. 能力发展

在职业教育中，评价学习者的综合能力发展是至关重要的。这不仅包括专业技能的掌握，还包括沟通能力、团队协作能力、创新能力等软技能的提升。这些综合能力对于学习者的未来职业发展具有重要意义。

沟通能力是学习者在职场中必须具备的一项重要能力。它包括有效地表达自己的想法、倾听他人的观点并理解其意图，以及能够清晰、准确地传达信息。在职业教育中，教师可以通过小组讨论、演讲、写作等方式，评价学习者的沟通能力。同时，教师还可以提供反馈和建议，帮助学习者提高这一能力。

团队协作能力是指学习者在团队中与他人合作，共同完成任务的能力。这包括协调不同成员的工作、有效地解决问题以及共同做出决策。在职业教育中，教师可以通过团队项目、小组讨论等方式，评价学习者的团队协作能力。同时，教师还可以提供指导和支持，帮助学习者提高这一能力。

创新能力是指学习者能够创造性地思考，提出新的观点和解决方案的能力。在职业教育中，教师可以通过问题解决任务、创新项目等方式，评价学习者的创新能力。同时，教师还可以鼓励学习者参与创新竞赛、研讨会等活动，激发他们的创新思维。

评价学习者的综合能力发展，可以帮助职业教育机构更好地了解学习者的优势和劣势，提供更有针对性的教学和支持。同时，这也有助于学习者意识到自己在哪些方面需要提高，激发他们的学习动力。

总之，在职业教育中，评价学习者的沟通能力、团队协作能力和创新能力等综合能力的发展是至关重要的。这不仅有助于学习者掌握专业技能，还有助于他们的未来职业发展。通过提供有针对性的教学和支持，职业教育机构可以帮助学习者提高这些综合能力，为他们的未来职业生涯做好准备。

5. 实践经验

实践经验是职业教育中不可或缺的一部分，它能够帮助学习者将理论知识与实际工作相结合，从而更好地理解和掌握所学知识。评价学习者在实习或实际工作中的表现，以及他们从实践中获得的经验和教训，对于他们的职业发展具有重要意义。

在实习或实际工作中，学习者可以将所学的理论知识应用到实际问题中，从而提高自己的职业技能和素养。通过评价学习者在实习或实际工作中的表现，我们可以了解他们的职业能力、工作态度和团队合作能力等方面的表现，从而为他们的职业发展提供有针对性的指导和建议。

同时，实践经验也是学习者从中学到的重要经验和教训。在实习或实际工作中，学习者可能会遇到各种困难和挑战，通过面对这些困难和挑战，他们可以学会解决问题、提高自己的应变能力。此外，实践经验还可以帮助学习者更好地了解自己的职业兴趣和发展方向，为他们的职业规划提供有力的支持。

为了评价学习者在实习或实际工作中的表现，职业教育机构可以采取多种方法，如实习报告、工作总结、同事评价等。通过这些方法，教师可以了解学习者在实习或实际工作中的表现，及时发现问题并采取针对性的教育措施。此外，教师还可以通过组织实习分享会、实践活动等方式，促进学习者之间的交流和分享，从而提高他们的实践经验。

总之，实践经验在职业教育中具有重要意义。通过评价学习者在实习或实际工作中的表现，以及他们从实践中获得的经验和教训，我们可以了解学习者的职业能力和发展潜力，为他们提供有针对性的教育和支持。随着职业教育的发展，实践经验评价将成为教育工作者关注的重点，为学习者提供更有针对性的教育支持和指导。

6. 自我评价

自我评价是职业教育中一项重要的教学策略，它鼓励学习者反思自己的学习过程和成长，培养他们的自我认知和自我提升能力。通过自我评价，学习者可以更好地了解自己的优势和劣势，制订合适的学习计划从而提高学习效果和职业素养。

首先，自我评价可以帮助学习者认识到自己在学习过程中的优点和不足。学习者可以通过分析自己的学习方法、时间管理、态度等方面，找出适合自己的学习方式，并对自己的不足进行改进。这样，学习者可以更加有针对性地进行学习，提高学习效果。

其次，自我评价可以培养学习者的自我认知能力。通过反思自己的行为和表现，学习者可以更好地了解自己的性格特点、兴趣爱好和职业倾向，从而为未来的职业规划和发展奠定基础。

再次，自我评价还有助于培养学习者的自我提升能力。在自我评价过程中，学习者可以设定学习目标和阶段性成果，监控自己的学习进度，并及时调整学习计划。这样，学习者可以形成自我激励和自我约束机制，养成良好的学习习惯，不断提升自己的能力和素质。

为了鼓励学习者进行自我评价，职业教育机构可以采取多种措施。例如，教师可以引导学习者撰写自我评价报告，总结自己在学习过程中的收获和不足；教师还可以设立专门的自我评价环节，让学习者在课堂上分享自己的学习心得和感悟。此外，教师还可以提供反馈和建议，帮助学习者更好地进行自我评价。

总之，自我评价在职业教育中具有重要意义。通过鼓励学习者进行自我评价，我们可以培养他们的自我认知和自我提升能力，帮助他们更好地了解自己，提高学习效果和职业素养。随着职业教育的发展，自我评价将成为教育工作者关注的重点，为学习者提供更有针对性的教育支持和指导。

综上所述，通过这样的多元化评价体系，职业教育能够更好地促进学习者的全面发展，培养出既有专业技能，又有良好的态度和能力，能够适应社会需求的优秀人才。

**（二）实践性评价内容，提高学习者操作能力**

实践性评价内容应紧密结合实际工作场景，以实践性任务为主，以提高学习者的实际操作能力。在职业教育中，实践性评价内容可以帮助学习者将理论知识与实际工作场景相结合，从而提高他们的实际操作能力。以下是一些建议，以确保实践性评价内容能够有效地提高学习者的操作能力。

1. 真实的工作场景

真实的工作场景评价是一种重要的评估方式，它能够模拟实际工作中的挑战和情境，使学习者能够在接近实际工作的环境中应用所学知识和技能。这种方式能够帮助学习者更好地理解理论知识，并将其转化为实际操作能力。例如，计算机网络技术的学习者可以在模拟的企业网络环境中进行网络搭建和故障排查，以评估他们的实际操作能力。这样的评价方式不仅能够检验学习者的技术水平，还能够考查他们在实际工作中的应变能力和解决问题的能力。

2. 综合能力的评估

实践性评价应全面评估学习者在技术操作、问题解决、沟通协作、决策制定等方面的能力，以培养学习者的职业素养。例如，除了评估学习者的编程技能，还应评估他们在项目中如何沟通、如何团队协作以及如何解决遇到的问题。这样的评价方式能够帮助学习者全面发展，提高他们在实际工作中的综合能力。

3. 过程评价与结果评价相结合

过程评价关注学习者在完成任务过程中的表现，如思考过程、问题解决策略等，而结果评价关注学习者的最终成果。结合两者可以更全面地了解学习者的学习情况和实际操作能力。这种评价方式能够帮助学习者认识到自己在学习过程中的优点和不足，从而更好地调整学习策略，提高学习效果。

4. 反馈与指导

及时的反馈和指导对于学习者的学习和技能提升至关重要。教师应根据学习者的操作过程和成果提供具体的反馈，指出优点和需要改进的地方，以帮助学习者不断提高。这样的评价方式能够激发学习者的学习兴趣，提高他们的学习动力。

5. 多元化的评价方法

采用多种评价方法可以减少单一评价方式可能带来的偏见，提高评价的全面性和客观性。例如，通过观察学习者的实际操作、访谈学习者的工作表现、录像回放学习者的操作过程等方式，可以全面评估学习者的实践操作能力。这样的评价方式能够从多个角度和层面了解学习者的学习情况和实际能力，更加全面地评价学习者的成长和发展。

通过这些措施，职业教育评价体系能够更好地模拟实际工作环境，全面评估学习者的实践操作能力和综合应用能力，从而有效地提高学习者的职业适应性和就业竞争力，使他们能够更好地适应未来职业发展的需求。

## （三）多样化评价方法，综合考量学习者素质

采用多样化的评价方法是职业教育评价体系中的一个重要方面。这样的方法可以更全面、多角度地考量学习者的综合素质，而不仅仅依赖于传统的笔试或单一的考核方式。以下是一些建议，以确保多样化评价方法能够有效地综合考量学习者的素质。

1. 项目评价

项目评价是一种重要的评估方式，它能够有效地衡量学习者的知识应用能力和解决问题的能力，同时也能够体现学习者的创新思维和实际操作能力。在项目评价中，学习者需要从头到尾参与一个完整的项目，包括项目策划、执行和总结。这种方式能够帮助学习者将所学知识与实际应用相结合，提高他们的实践能力。此外，项目评价还应关注学习者的项目管理、时间管理、团队合作等综合能力，以培养学习者的职业素养。

2. 同行评价

同行评价是一种通过学习者之间的相互评价来进行评估的方式。这种方式促进了学习者之间的交流和理解，同时也能够从不同的角度获得对学习者的评价。在进行同行评价时，学习者应该被鼓励提供正面的反馈和建设性的批评，以促进学习者之间的相互学习和成长。这样的评价方式有助于培养学习者的团队合作精神和沟通能力。

3. 自我评价

自我评价是一种鼓励学习者进行自我反思的评价方式，学习者需要评价自己的学习过程和成果，培养他们的自我认知和自我提升能力。通过自我评价，学习者可以识别自己的优势和不足，并制订个人发展计划，以实现自我成长。

4. 表现评价

表现评价是通过在课堂上或实习过程中的观察来评价学习者的实际操

作能力和职业素养。这种方式注重学习者的学习态度、参与度以及现场的反应和适应能力。表现评价能够帮助学习者更好地了解自己在实际工作中的表现，以及如何改进和提高。

5. 案例分析评价

案例分析评价是一种通过分析具有挑战性的案例来评价学习者的理论应用能力、分析问题能力和决策能力的方式。学习者需要运用所学知识对案例进行分析，并提出解决方案。这种方式能够培养学习者的批判性思维和问题解决能力。

6. 口头报告评价

口头报告评价是一种通过学习者的口头表达能力来评价他们的沟通能力、表达能力和逻辑思维能力的方式。学习者需要清晰、连贯地表达自己的观点，并能够逻辑严密地进行论证。这种方式能够帮助学习者提高口头表达能力和公众演讲技巧。

7. 作品集评价

作品集评价是一种针对艺术、设计等专业学习者的评价方式，它能够全面展示学习者的创作能力和审美水平。学习者需要整理自己的作品集，包括作品的设计思路、制作过程和最终成果。这种方式能够帮助学习者展示自己的才华，并从中学习和提高。

8. 实习报告和日志评价

实习报告和日志评价是一种通过学习者的实习体验、收获和职业发展潜力来进行评估的方式。学习者需要撰写实习报告和日志，记录自己在实习过程中的所学所得。这种方式能够帮助学习者反思实习经历，并从中获得宝贵的经验和教训。

9. 综合能力测试

综合能力测试是一种通过模拟工作场景或实际操作题来评价学习者的

综合应用能力和应对挑战的能力的方式。学习者需要在测试中展示自己的知识应用能力和问题解决能力。这种方式能够帮助学习者全面检验自己的学习成果，并提高自己的综合能力。

通过这些多样化的评价方法，职业教育评价体系能够更全面、客观地评价学习者的综合素质，从而更好地促进他们的全面发展。同时，这也有助于培养学习者的自主学习能力和终身学习的习惯，使他们能够适应不断变化的社会和职业环境。

# 二、我国职业教育评价体系的改革与实践

## （一）政策导向与评价体系改革

我国职业教育评价体系的改革需紧跟国家政策导向，不断完善评价标准和机制。

1. 与国家政策同步

职业教育评价体系的改革应当与国家的教育政策、产业发展规划和职业标准相一致。这意味着评价体系需要不断更新，以反映国家对职业教育的新要求和新期望。在这个过程中，政府和相关部门应当发挥引导和监督作用，确保评价体系与国策同步发展。

2. 强调实践能力

在当前国家政策背景下，学习者的实践能力和技术技能越来越受到重视。因此，职业教育评价体系中应减少理论知识考试的比重，增加实际操作、技能竞赛、项目完成情况等实践性评价内容。这样可以更好地培养学习者的实际工作能力，提高他们的就业竞争力。

### 3. 多元化评价方式

为了全面评估学习者的综合素质和能力，职业教育评价体系应鼓励使用多种评价方式，如过程评价、表现评价、同行评价、自我评价等。这样可以从不同角度和层面了解学习者的学习情况和实际能力，更加全面地评价学习者的成长和发展。

### 4. 校企合作

加强校企合作，让企业参与到评价过程中，使评价更加贴近实际工作环境和企业需求。通过与企业共同制定评价标准和企业参与评价，可以确保学习者的培养目标与企业的需求相一致，提高学习者的就业率和满意度。

### 5. 动态调整

职业教育评价体系应具有一定的灵活性，能够根据职业教育的发展和行业需求的变化进行动态调整。这样可以确保评价体系始终符合社会发展的需要，为学习者的成长和就业提供有力支持。

### 6. 反馈与改进

评价的最终目的是为了学习者的发展和提高，因此评价体系应包括有效的反馈机制，帮助学习者了解自己的优势和不足，并指导他们进行改进。同时，学校和教师也应根据评价结果进行教学反思和调整，以提高教育教学质量。

### 7. 公平公正

确保评价过程的公平性和公正性，避免主观偏见，确保评价结果得到广泛认可。在评价过程中，应遵循客观、公正、透明的原则，确保每个学习者都能在公平的环境中接受评价。

### 8. 持续监督与评估

建立持续监督和评估机制，定期对评价体系的有效性和适应性进行评估，确保其能够持续发挥作用。政府和相关部门应加强对评价体系的监督，确保其与国策同步、与时代发展相适应。通过持续的监督和评估，可以不断完善职业教育评价体系，推动职业教育的健康发展。

通过以上措施，职业教育评价体系的改革将更好地服务于国家的发展战略，促进职业教育质量的提升，满足社会对高素质技术技能人才的需求。

### （二）地方职业教育评价体系创新

各地应根据实际情况，创新评价体系，促进职业教育发展。不同地区在经济发展、产业特色、文化背景等方面存在差异，这些差异要求职业教育评价体系具有适应性和灵活性。

1. 地方特色融入

我国各地方在设计职业教育评价体系时，应充分考虑自身的产业特色和区域经济需求。例如，沿海地区可以侧重于现代服务业和高新技术产业的技能培养，而内陆地区则可以重点关注农业技能和传统手工艺的传承。这样的评价体系既能满足地方经济发展的需要，也能促进学习者对本地文化的了解和传承。

2. 需求导向

职业教育评价体系的设计应与当地企业、行业紧密合作，了解他们对人才的需求，以此为导向。这样可以确保培养的人才能够满足地方经济发展的需要，提高学习者的就业率和就业质量。

3. 多元化评价工具

根据地方实际情况，开发和采用多样化的评价工具和方法，如实习报告、技能竞赛、工作场所评价等。这样的评价方式可以全面考量学习者的能力和成就，更好地激发学习者的学习兴趣和潜能。

4. 校际合作

鼓励区域内不同学校之间的合作，共享评价体系创新的经验和资源，形成具有区域特色的评价标准。这样可以促进职业教育资源的优化配置，提高评价体系的整体质量。

5. 持续改进

建立动态的评价体系改进机制，定期收集反馈信息，评估评价体系的有效性和适应性，并根据反馈进行调整。这样可以确保评价体系始终符合地方经济发展的需要，为学习者提供更好的教育和培训。

6. 政策支持与激励

地方政府应提供政策和资源支持，激励职业院校进行评价体系的创新。例如，提供创新基金、设立试点项目等，以推动职业教育评价体系的发展。

7. 宣传与推广

通过各种渠道宣传和推广地方职业教育评价体系的创新成果，提高社会对职业教育的认可度和支持度。这样可以吸引更多的资源投入职业教育，促进职业教育的持续发展。

通过上述措施，地方职业教育评价体系将更加符合地方经济社会发展的实际需要，促进职业教育的特色化和高质量发展，为地方培养出更多高素质的技术技能人才。

## （三）职业教育评价体系改革的成效与挑战

职业教育评价体系改革的成效与挑战是职业教育发展过程中不可忽视的重要议题。以下是对职业教育评价体系改革的成效与挑战的总结和分析。

1. 成效

更紧密的产业对接：职业教育评价体系的改革使得教学内容更加贴近行业需求，使学习者的技能和知识更加符合企业的期望。

提高学习者就业率：评价体系改革注重对实践能力和技能的培养，提高了学习者的就业竞争力，降低了失业率。

提升社会认可度：随着评价体系的改革，职业教育的质量和声誉得到提升，社会对职业教育的认可度也有所提高。

促进教师成长：评价体系改革要求教师不断提升自身能力和知识，促进了教师的职业发展和教学水平的提高。

加强学校与企业联系：评价体系改革加强了学校与企业的联系，促进了资源共享和合作共赢。

2. 挑战

评价体系的适应性：随着产业的发展和变化，评价体系需要不断调整和适应，以满足新的需求和挑战。

资源投入：职业教育评价体系改革需要相应的资源和资金支持，这对于一些学校来说可能是一个挑战。

校企合作难度：建立有效的校企合作机制可能面临困难，需要克服学校与企业之间的差异和利益冲突。

教师培训：教师需要不断提升自身的专业能力和知识水平，以适应评价体系改革的要求，这可能需要大量的培训和支持。

社会观念转变：改变社会对职业教育的传统观念，提高职业教育的地位和认可度，是一个长期而艰巨的任务。

3. 未来改革参考

持续更新评价体系：评价体系需要定期评估和更新，以适应行业的发展和变化。

加大资源投入：政府和社会应加大对职业教育的资源和资金支持，提供良好的教学条件和发展空间。

促进校企合作：通过政策引导和激励措施，促进学校与企业之间的合作，建立稳定的校企合作机制。

加强教师培训：加强对教师的培训，提升他们的专业能力和教学水平。

改变社会观念：通过宣传和教育，改变社会对职业教育的传统观念，提高职业教育的地位和认可度。

综上所述，职业教育评价体系改革取得了一定的成效，但也面临一些挑战。通过不断调整和改进，克服挑战，职业教育评价体系将更好地服务于职业教育的发展，培养更多高素质的技术技能人才。

# 三、职业教育评价体系的国际经验借鉴

## （一）发达国家职业教育评价体系的特点

研究发达国家职业教育评价体系的特点，通常具有以下几个显著特点。

### 1.实践能力评估的重要性

发达国家的职业教育评价体系普遍重视学习者的实践能力评估。这包括对学习者实际操作技能、问题解决能力、创新能力的考核。评价方法常常包括项目工作、实习报告、案例分析等，以确保学习者能够将理论知识应用到实际工作中。

### 2.以学习者为中心的评价

许多发达国家倾向于采用以学习者为中心的评价方法，鼓励学习者主动参与评价过程。这可能包括自我评估、同伴评估以及教师和学习者共同进行的评价。这种方法有助于提高学习者的自我认识和自我提升能力。

3. 多元化的评价工具和手段

除了传统的考试和测验，发达国家的职业教育评价体系还采用多种评价工具和手段，如面试、演示、模拟工作环境、作品集评价等，以全面评估学习者的能力和潜力。

4. 持续的职业发展指导

职业教育评价体系通常与学习者的职业发展规划紧密结合，提供持续的职业发展指导和评估。这包括对学习者的职业兴趣、职业规划、继续教育机会的指导。

5. 与行业标准对接

评价体系往往与行业标准和职业资格认证相结合，确保学习者的技能和知识符合行业的要求。这种对接有助于学习者毕业后能够直接进入职场，减少过渡期。

6. 反馈和改进的循环

评价体系不仅关注评价结果，更重视评价后的反馈和改进。学校和企业通常会共同分析评价结果，以便对教学内容和方式进行调整，不断提高教育质量。

7. 终身学习理念的融入

职业教育评价体系强调终身学习的重要性，鼓励学习者在校期间和职业生涯中持续学习和成长。

8. 政策和资金的支持

发达国家政府通常会提供政策和资金支持，以促进职业教育评价体系的改革和发展。这包括对评价体系的研发、更新和实施提供必要的资源。

通过研究这些特点，我们可以了解到发达国家职业教育评价体系是如何适应现代社会和经济需求的，以及如何促进学习者的全面发展和终身学习。这些经验对于其他国家和地区在职业教育评价体系的建设和发展具有一定的借鉴意义。

### （二）发达国家职业教育评价体系对我国的启示

发达国家的职业教育评价体系对我国有着重要的启示作用，以下是一些改进我国职业教育评价体系的建议。

1. 强化实践能力评估

在职业教育中，对实践能力的培养至关重要。我国应当改革现有的教育评价体系，将学习者的实践能力评估作为重要组成部分。这可以通过增加实习、项目工作等环节，全面考核学习者的实际操作能力和应用技能。同时，企业也应参与到实践能力评估中来，为学习者提供实际工作场景，使学习者能够在工作中学习和提高。

2. 推广以学习者为中心的评价方法

传统的评价方法往往以教师为主导，而以学习者为中心的评价方法更能激发学习者的主动性和创造性。学校可以鼓励学习者进行自我评估、同伴评估等，这样不仅能够提高学习者的参与度，还能够帮助他们更好地认识自己，发现自己的优势和不足。

3. 多元化评价工具和手段

职业教育评价体系应当摆脱单一的考试和测验方式，引入更多元化的评价工具和手段。例如，模拟工作环境、作品集评价等，这些方式能够更全面地评估学习者的能力和潜力，也有助于学习者全面素质的提高。

4. 加强与行业标准的对接

职业教育的评价体系应当与行业标准和职业资格认证相结合，以确保学习者的技能和知识符合行业要求。这不仅能够提高毕业生的就业竞争力，也有助于学习者更好地了解行业动态，规划自己的职业发展。

5.注重反馈和改进的循环

对评价结果的反馈对于教学质量提高和学习者成长至关重要。学校应当重视对评价结果的反馈，与企业和行业共同分析评价结果，对教学内容和方式进行调整，不断提高教育质量。

6.融入终身学习理念

在现代社会，终身学习已成为一种基本素养。职业教育评价体系应当强调终身学习的重要性，鼓励学习者在校期间和职业生涯中持续学习和成长。

7.政策和资金支持

政府应当提供政策和资金支持，促进职业教育评价体系的改革和发展。这包括对评价体系的研发、更新和实施提供必要的资源，以及鼓励企业和社会力量参与到职业教育中来，共同推动职业教育的发展。

通过借鉴发达国家的成功经验，结合我国的实际情况，不断完善和改进职业教育评价体系，有助于提高我国职业教育的质量，培养更多高素质的技术技能人才，满足社会和经济发展的需求。

### （三）我国职业教育评价体系的国际化发展

我国职业教育评价体系的国际化发展是提升我国职业教育国际竞争力的重要途径。这将有助于推动中国职业教育评价体系的国际化，提高职业教育的整体质量。以下是一些推动我国职业教育评价体系国际化发展的建议。

1.在加强与国际标准的对接方面

我国职业教育应充分考虑国情和教育传统，确保国际标准与国内实际相结合。政府可以通过政策引导和资金支持，鼓励职业院校根据国际标准进行教学改革和评价体系重建。

2. 在促进国际合作与交流方面

我国职业教育可以与国外优质教育资源进行深度合作，建立国际合作项目，如教师互访、学习者交流等，以增进各国间的理解和友谊。同时，通过国际合作，引进国外优质教育资源，提升我国职业教育的国际化水平。

3. 在引入国际评价体系方面

我国职业教育应进行充分的研究和论证，确保其适合我国职业教育的发展需要。通过国内外评价体系的对比研究，吸收国际评价体系的优点，完善我国的职业教育评价体系。

4. 在推广双语教学和评价方面

我国职业教育应关注学习者的实际需求和接受能力，避免一刀切的做法。在评价体系中，除了对外语能力的考核，还应考虑对学习者的跨文化交际能力和国际理解能力的评价。

5. 在加强实习和就业跟踪方面

我国职业教育可以通过实习和就业跟踪，了解毕业生在国际就业市场的表现，为职业教育的改革提供实证依据。同时，建立毕业生就业数据库，分析就业趋势，为职业院校的专业设置和教学改革提供参考。

6. 在培养国际化师资队伍方面

我国职业教育可以通过海外研修、国际科研项目等方式，提升教师的国际科研能力和国际视野。同时，通过国际会议和培训，让教师了解国际教育动态，增强国际视野。

7. 在加强课程内容和教学方法的国际化方面

我国职业教育应注重融入国际前沿的技术和知识，同时也要注重对本土文化的传承和创新。引进国际先进的教学方法，如项目式学习、案例教学等，提高学习者的实践能力和创新能力。

8. 在建立国际化质量保障体系方面

我国职业教育应建立符合国际标准且符合我国教育部门监管要求的质量保障体系。通过定期评估和认证，确保职业教育的质量不断提升，满足社会和经济发展的需要。

通过这些措施的实施，中国职业教育将更加国际化，更好地培养适应全球经济一体化需求的高素质技术技能人才。

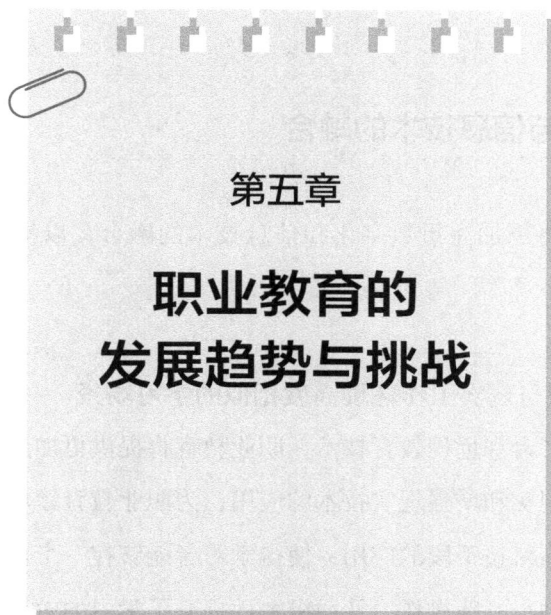

第五章

# 职业教育的
# 发展趋势与挑战

# 第一节 职业教育的发展趋势

## 一、数字化与信息技术的融合

职业教育将更加注重数字化和信息技术的融合，以提高教学效率和质量。

### （一）模拟与真实工作环境高度相似的学习场景

利用在线平台和远程教育技术，职业教育将提供更加灵活和便捷的学习方式。虚拟现实和增强现实技术的应用，为职业教育领域带来了革命性的变革。这些高科技手段的应用，使得学习者能够在一个更加真实、互动的学习环境中进行实践操作，从而极大地提升了学习的效果和质量。

1. 模拟与真实工作环境高度相似的学习场景

VR 和 AR 技术能够模拟与真实工作环境高度相似的学习场景，让学习者在虚拟的环境中进行实际操作，体验真实的工作情境。例如，在医学教育中，学习者可以通过 VR 技术模拟进行手术操作；在工程教育中，学习者则可以利用 AR 技术直观地查看复杂的机械结构。这种模拟真实工作环境的教学方式，不仅能够提高学习者的学习兴趣，还能够让学习者在安全的环境中掌握必要的技能和知识。

2. 帮助学习者更好地理解和记忆学习内容

VR 和 AR 技术的应用，还能够帮助学习者更好地理解和记忆学习内容。由于这些技术能够提供高度直观、互动的学习体验，因此学习者可以更加深入地理解抽象的理论知识，并能够更好地将其应用到实际工作中。例如，在数学教育中，学习者可以通过 VR 技术直观地观察几何图形的变化，从而更好地理解几何学的原理。

3. 极大地提升学习者的实践操作能力

VR 和 AR 技术的应用，还能够极大地提升学习者的实践操作能力。在传统的职业教育中，由于设备限制，学习者往往难以进行充分的实践操作。而通过 VR 和 AR 技术，学习者可以在虚拟的环境中进行实践操作，从而提高自己的实践能力。例如，在飞行驾驶教育中，学习者可以通过 VR 技术进行模拟飞行，从而提高自己的飞行技能。

总的来说，虚拟现实和增强现实技术的应用，为职业教育领域带来了巨大的机遇。通过模拟真实工作环境，提供身临其境的学习体验，这些技术能够极大地提升学习者的学习兴趣、理解和实践能力，使他们更好地适应未来的职业发展。因此，我们有理由相信，随着 VR 和 AR 技术的不断发展，职业教育将进入一个全新的时代。

## （二）提供个性化的学习建议和资源

在当今这个信息化快速发展的时代，大数据和人工智能技术已经在许多领域发挥了重要作用。在职业教育中，利用大数据和人工智能技术分析学习者的学习数据，提供个性化的学习建议和资源，有助于提高教学质量和学习者的职业素养。

1. 收集整合学习者的学习数据

通过大数据和人工智能技术，教育工作者可以收集和整合学习者的大量学习数据，包括学习行为、学习成果、兴趣爱好等方面。对这些数据的收集和分析，有助于教育工作者更好地了解学习者的学习状况，发现学习者的薄弱环节，从而有针对性地进行教学指导。

2. 提供个性化的学习建议和资源

大数据和人工智能技术可以为学习者提供个性化的学习建议和资源。在传统的教育模式中，教师往往需要面对众多学习者，难以针对每个学习者的特点提供个性化的教学支持。而通过大数据和人工智能技术，可以根据每个学习者的学习特点和需求，推荐合适的学习内容、学习方法和实践项目，帮助学习者提高学习效果。

3. 帮助学习者进行职业规划

大数据和人工智能技术还可以帮助学习者进行职业规划。通过对学习者学习数据和职业发展趋势的分析，可以为学习者提供符合其兴趣和能力的职业发展路径，帮助学习者更好地规划自己的未来。

4. 为教育管理者提供重要的决策依据

大数据和人工智能技术还可以为教育管理者提供重要的决策依据。通过对学习者学习数据的分析，可以了解学习者的整体学习状况，发现教育过程中的问题和不足，从而优化教育资源配置，提高教育质量。

总之，利用大数据和人工智能技术分析职业教育学习者的学习数据，提供个性化的学习建议和资源，有助于提高教学质量和学习者的职业素养。这些技术的应用，将使职业教育更加适应时代发展的需求，为培养高素质技术技能人才提供有力支持。在未来的发展中，我们期待大数据和人工智能技术在职业教育领域发挥更大的作用，为学习者的成长和职业发展提供更多帮助。

# 二、模块化与个性化的课程设计

课程设计将更加模块化和个性化，以满足不同学习者的需求。这包括以下几个课程设计方向。

## （一）针对特定行业或技能的模块化课程

在 21 世纪这个充满竞争和变革的时代，职业教育的重要性日益凸显。为了培养符合社会需求的高素质技术技能人才，设计针对特定行业或技能的模块化课程成为一种趋势。这种课程设计让职业教育学习者可以根据自己的兴趣和职业规划选择学习内容，从而提高学习效果和职业素养。

1. 有助于提高学习者的学习兴趣

每个学习者都有自己独特的兴趣和特长，通过模块化课程，学习者可以根据自己的喜好选择学习内容，从而激发他们的学习热情，提高学习积极性。例如，在计算机科学领域，学习者可以选择专注于软件开发、网络安全或人工智能等方向，以便更好地发挥自己的潜能。

2. 有助于培养学习者的职业素养

通过对特定行业或技能的深入学习，学习者可以更好地了解行业动态和发展趋势，掌握实用的职业技能，提高自身的竞争力。例如，在金融领域，学习者可以选择学习金融市场、投资理财或风险管理等方面的知识，为将来的职业生涯打下坚实的基础。

3. 有助于学习者灵活安排学习进度

传统的职业教育课程往往采用固定的教学计划，难以满足不同学习者的学习需求。而通过模块化课程，学习者可以根据自己的时间和进度安排学习内容，实现个性化学习。这种灵活性有助于学习者更好地平衡学习和工作，提高学习效率。

4. 有助于促进学习者的跨专业学习

在实际工作中，许多职业都需要具备多方面的知识和技能。通过模块化课程，学习者可以自由组合不同专业的课程，实现跨专业学习，提高自身的综合素质。例如，工程领域的学习者可以结合计算机科学课程，提高在数据分析等方面的能力。

总之，设计针对特定行业或技能的模块化课程，让职业教育学习者可以根据兴趣和职业规划选择学习内容，有助于提高学习效果和职业素养。这种课程设计将更好地满足社会对高素质技术技能人才的需求，为学习者的未来发展奠定坚实基础。在未来的职业教育发展中，我们期待更多学校和企业合作，共同推动模块化课程的普及和优化，为学习者的成长和职业发展提供更多支持。

### （二）利用学习管理系统和智能推荐系统

在职业教育领域，利用学习管理系统（Learning Management System，LMS）和智能推荐系统为学习者提供个性化的学习路径和资源，是一种创新的教学模式。这种模式能够根据学习者的兴趣、能力和职业规划，为其提供合适的学习内容和方式，从而提高他们的学习效果和职业素养。

1. 为职业教育学习者提供全面的学习支持

学习管理系统可以为职业教育学习者提供全面的学习支持。通过LMS，学习者可以随时随地访问课程资源、学习笔记、作业要求和讨论区等，方便学习者进行自主学习和协作交流。此外，LMS还可以帮助教师跟踪学习者的学习进度，使其及时了解学习者的学习状况，为学习者提供有效支持。

2. 为学习者推荐合适的学习内容和课程

智能推荐系统可以根据学习者的学习行为、成绩和兴趣等信息，为学习者推荐合适的学习内容和课程。这种系统可以分析学习者的学习数据，发现学习者的薄弱环节，并根据学习者的需求为其提供有针对性的学习资源。例如，如果学习者在数学课程中的成绩较低，智能推荐系统可以为其推荐一些数学辅导资料和练习题，帮助学习者提高数学能力。

3. 为职业教育学习者提供个性化的学习路径

结合 LMS 和智能推荐系统，可以为职业教育学习者提供个性化的学习路径。通过对学习者学习数据的分析，系统可以了解学习者的兴趣和职业规划，为学习者推荐与其兴趣和职业发展相关的课程和项目。这样，学习者可以根据自己的需求和兴趣，选择合适的学习路径，提高学习效果和职业素养。

4. 促进学习者的跨专业学习

LMS 和智能推荐系统的结合还可以促进学习者的跨专业学习。在实际工作中，许多职业都需要具备多方面的知识和技能。通过为学习者提供跨专业的学习资源和路径，可以帮助学习者建立知识体系，提高综合素质。例如，工程领域的学习者可以结合数学课程，提高他们在算法优化等方面的能力。

总之，利用学习管理系统和智能推荐系统，为职业教育学习者提供个性化的学习路径和资源，有助于提高教学质量和学习者的职业素养。这种教学模式将更好地满足社会对高素质技术技能人才的需求，为学习者的未来发展奠定坚实基础。在未来的职业教育发展中，我们期待更多学校和企业合作，共同推动个性化教学模式的普及和优化，为学习者的成长和职业发展提供更多支持。

# 三、跨界融合与综合化人才培养

职业教育将更加注重跨界融合和综合化人才培养，以适应多元化和综合化的职业需求。

**（一）设计跨专业的课程和项目**

在当今这个快速变化的时代，职业教育不再只是简单地传授专业知识，更重要的是培养学习者的综合能力和创新思维。为了实现这一目标，设计跨专业的课程和项目成为一种趋势。这种设计有助于拓宽学习者的知识视野，提高学习者的综合素质，培养学习者的创新思维和解决问题的能力。

1. 拓宽学习者知识视野

跨专业的课程设计可以让学习者接触到不同学科的知识，从而拓宽其知识视野。在职业教育中，我们可以将计算机科学、市场营销、财务管理等不同学科的知识融入到课程中，让学习者在学习过程中了解到各个领域的特点和联系。例如，在一门市场营销课程中，可以引入数据分析、人工智能等计算机科学的知识，帮助学习者更好地了解市场趋势和消费者行为。

2. 培养学习者实践能力

跨专业的项目设计可以培养学习者的实践能力和创新思维。通过参与跨专业的项目，学习者需要运用不同学科的知识和技能来解决问题，这将有助于提高学习者的实践能力和创新思维。例如，在一项产品开发项目中，学习者可能需要运用市场营销、财务管理和计算机科学等知识，以设计出既有市场潜力又具有创新性的产品。

3. 培养学习者团队合作能力

跨专业的课程和项目设计还有助于培养学习者的团队合作能力和沟通能力。在跨专业的学习和项目中，学习者需要与不同背景的同学合作，共同解决问题。这将有助于培养学习者的团队合作能力和沟通能力，提高学习者的综合素质。

4.为学习者提供职业发展机会

跨专业的课程和项目设计可以为学习者提供更多的职业发展机会。在当今的职场中，许多职业都需要具备跨学科的知识和技能。通过跨专业的课程和项目学习，学习者可以更好地了解各个领域的特点和需求，为自己的职业发展打下坚实的基础。

总之，设计跨专业的课程和项目，培养职业教育学习者的综合能力和创新思维，有助于提高学习者的综合素质，拓宽其知识视野，培养其创新思维和解决问题的能力。这种教育模式将更好地满足社会对高素质技术技能人才的需求，为学习者的未来发展奠定坚实的基础。在未来的职业教育发展中，我们期待更多学校和企业合作，共同推动跨专业课程和项目的设计与实施，为学习者的成长和职业发展提供更多支持。

## （二）鼓励职业教育学习者参与实践项目和"产学研"合作

职业教育在当今社会扮演着越来越重要的角色，而实践项目和"产学研"合作则是职业教育中不可或缺的一部分。这些项目和合作不仅可以帮助学习者将理论知识应用到实际中，还可以提高他们解决实际问题的能力。

实践项目能够鼓励职业教育学习者积极参与到实际工作中，深入了解行业现状和趋势。通过实践，学习者可以了解理论知识与实际操作之间的联系，从而更好地掌握所学知识。此外，实践项目还可以培养学习者的团队合作精神、沟通能力和解决问题的能力，这些都是职场中非常重要的素质。

"产学研"合作是一种将企业、学校和科研机构紧密结合在一起的合作模式。通过"产学研"合作，职业教育学校可以与企业共同开发课程，使课程内容更加贴近实际需求。同时，学习者也有机会参与到企业的实际项目中，了解企业的运作方式，提高自己的职业素养。这种合作模式对于培养学习者解决实际问题的能力具有重要意义。

为了鼓励职业教育学习者参与实践项目和"产学研"合作，学校和政府可以采取一系列措施。例如，设立实践项目和"产学研"合作的基金，为学习者提供资金支持；加强与企业、科研机构的合作，为学习者提供更多实践机会；对参与实践项目和"产学研"合作的学习者给予相应的学分奖励，激发学习者的积极性。

总之，鼓励职业教育学习者参与实践项目和"产学研"合作，可以提高他们解决实际问题的能力，为他们的未来发展奠定坚实基础。在未来的职业教育发展中，我们期待更多学校和企业、科研机构携手合作，共同推动实践项目和"产学研"合作的发展，为学习者的成长和职业发展提供更多支持。

# 四、灵活的学习方式与认证体系

## （一）提供学分银行和终身学习账户

在现代职业教育体系中，学分银行和终身学习账户的概念越来越受到重视。这些机制的引入，旨在为学习者提供更加灵活和便捷的学习方式，鼓励他们在不同的时间和环境中进行分阶段学习和持续累积学分。

学分银行的概念允许学习者将自己在不同时间、不同地点所学的课程和取得的学分进行累积和转换。这意味着，学习者可以在完成一部分课程后，将所获得的学分存储在学分银行中，未来在任何认可学分银行的学校和机构中，都可以使用这些学分来兑换其他课程或证书。这种机制大大增强了学习的灵活性，使得学习者可以根据自己的时间安排和兴趣进行学习，而不必受限于特定的学校和课程。

终身学习账户则是一种更加长远的设想，它鼓励学习者在整个人生中不断学习和成长。通过终身学习账户，学习者可以从各种学习活动中积累学分，包括但不限于正规教育课程、在线课程、职业培训、工作坊和研讨会等。这些学分可以累积起来，用于获取学位、证书，或者仅仅是作为个人学习成就的记录。终身学习账户的存在，激励了人们在工作和生活中不断追求知识和技能的提升，以适应不断变化的社会和工作环境。

分阶段学习和累积学分的方式对于职业教育学习者来说尤为重要。它允许学习者根据自己的实际情况和职业规划来安排学习进度，既能够满足学习者的个性化学习需求，又能够帮助他们在职业生涯中逐步提升自己的竞争力。例如，职场人士可能只能在工作之余进行部分时间的学习，学分银行和终身学习账户就可以让他们在不同时间点所学的课程学分得到认可，最终帮助他们完成学业或获得相应的职业证书。

为了更好地实施学分银行和终身学习账户制度，职业教育机构可以采取以下措施：第一，建立一个统一的标准和认证体系，确保不同机构和课程之间学分的互认和转换；第二，提供丰富的学习资源和在线平台，使得学习者可以随时随地进行学习；第三，鼓励企业和行业协会参与到学分银行和终身学习账户的建设和实施中，使得学习者的学习成果能够更好地与职业发展相结合；第四，对学分银行和终身学习账户的使用者提供必要的指导和帮助，确保他们能够充分利用这些资源进行有效学习。

通过学分银行和终身学习账户的实施，职业教育可以更加灵活和高效，为学习者提供一条通往持续学习和职业成功的道路。这种制度不仅能够帮助学习者适应快速变化的世界，还能够为他们的终身学习和发展奠定坚实的基础。

### （二）发展在线认证和微证书

随着科技不断发展和互联网普及，在线教育和远程学习已经成为可能。在这个背景下，发展在线认证和微证书成为一种趋势，它为学习者提供了快速获得技能认证的途径。

在线认证具有高度的灵活性和便捷性。学习者可以根据自己的时间安排和学习节奏，选择适合自己的课程进行学习，并在完成学习后进行在线认证。这种学习方式打破了传统教育的地域和时间限制，为学习者提供了更多的学习选择和机会。

微证书的兴起也为学习者提供了更多的技能认证机会。微证书是指针对特定技能或知识点颁发的短期课程证书，它通常只需要几周甚至几天的时间就可以完成。这种证书不仅能够帮助学习者快速掌握特定技能，还能够提升他们的职业竞争力。

在线认证和微证书还能够帮助学习者降低学习成本。相比于传统的教育模式，在线学习通常具有更低的学费和交通成本。而且，学习者可以根据自己的需求选择课程，避免了在传统教育中可能出现的浪费现象。

然而，在线认证和微证书的发展也面临一些挑战。首先，如何在保证教学质量的同时，实现大规模的在线教育是一个难题。其次，如何确保在线认证的权威性和认可度，也是一个需要解决的问题。

总的来说，发展在线认证和微证书是一种趋势，它为学习者提供了快速获得技能认证的途径。在这个过程中，需要各方的共同努力，包括教育机构、企业和社会组织，共同推动在线教育的健康发展。

# 五、国际化与全球化的合作与交流

未来的职业教育将更加国际化，进一步加强全球合作与交流。

## （一）建立职业教育国际化的课程和标准

在全球化的背景下，职业教育国际化已经成为推动教育和经济发展的重要手段。建立职业教育国际化的课程和标准，不仅有助于提高职业教育的质量和效益，还能够促进跨国界的教育和培训，为全球经济发展提供人才支持。

职业教育国际化的课程应该紧密结合市场需求，注重培养学习者的跨文化沟通能力和国际视野。课程内容应涵盖国际前沿的科学技术、管理理念和商业模式，以及全球范围内的行业标准和规范。此外，还应注重培养学习者的创新精神和实践能力，使他们能够在国际化的环境中迅速适应和发展。

为了实现职业教育国际化，需要建立一套与国际接轨的课程体系和认证标准。这套体系应得到国际权威机构的认可，确保各国职业教育证书的互认和转换。通过这种方式，学习者可以在全球范围内选择适合自己的学习路径，实现跨国界的教育和培训。

职业教育国际化还需要加强国际合作与交流。各国教育机构可以共同开发课程、共享教育资源，开展师生互访、学术交流和联合研究等活动。这有助于推动职业教育领域的创新与发展，提高职业教育的国际影响力。

政府和企业也应积极参与职业教育国际化进程，为师生提供更多的国际交流和实践机会。例如，政府可以设立专项基金，支持职业教育国际化项目的发展；企业可以为学习者提供实习、就业等机会，使他们能够在国际化的环境中锻炼和提升自己。

总之，建立职业教育国际化的课程和标准，促进跨国界的教育和培训，有助于培养更多具备国际竞争力的优秀人才，推动全球经济的发展。在这个过程中，各方应共同努力，不断探索和创新，为职业教育国际化贡献力量。

### （二）加强职业教育与国际企业和组织的合作

在当今全球化的经济环境中，职业教育的作用日益凸显，它不仅关系到个人的职业发展，也影响着国家的经济竞争力。为了适应这一趋势，加强职业教育与国际企业和组织的合作，提供国际实习和就业机会，已成为提升职业教育质量、拓宽学习者视野和增强学习者就业竞争力的重要途径。

职业教育与国际企业和组织的合作，可以为学习者提供实践经验和国际化视野。通过合作，企业和组织可以为学习者提供实习机会，使学习者在实际工作环境中锻炼自己的职业技能，了解行业动态，提前适应职场生活。同时，学习者还有机会接触到国际化的管理理念、技术标准和市场需求，从而拓宽自己的国际视野，增强自己的竞争力。

国际实习和就业机会的提供，有助于提高职业教育的国际声誉和影响力。当学习者在国际企业和组织中表现出色，不仅能为企业带来实际效益，也能提升职业教育的品牌形象。这对于吸引国际学习者、促进职业教育国际化具有重要意义。

职业教育与国际企业和组织的合作，有助于推动课程内容和教学方法的创新。企业和组织可以依据自身需求，向职业教育机构提供最新的技术、管理知识和市场信息，帮助学校调整课程设置和教学策略，使职业教育更加贴近市场需求，提高学习者的就业率。

为了实现这一目标，职业教育机构可以采取以下措施：第一，建立与企业和组织的紧密合作关系。职业教育机构应主动与企业和组织建立联系，了解他们的需求，寻求合作机会。第二，开发国际化的课程和项目。职业教育机构可根据合作伙伴的需求，开发国际化的课程和项目，为学习者提供国际实习和就业机会。第三，加强师资队伍建设。职业教育机构应引进具有国际经验的专业教师，提高教学质量，为学习者提供更好的教育环境。第四，加强学习者交流与实习项目。职业教育机构可为学习者提供海外交流和实习项目，使他们能够在国际化的环境中锻炼和提升自己。第五，建立国际认证体系。职业教育机构可寻求国际认证，提高教育质量和国际声誉，为学习者提供更多的国际实习和就业机会。

总之，加强职业教育与国际企业和组织的合作，提供国际实习和就业机会，对于提升职业教育的质量、拓宽学习者视野和增强学习者就业竞争力具有重要意义。通过双方紧密合作，共同培养具备国际竞争力的优秀人才，为全球经济发展贡献力量。

# 第二节 职业教育面临的挑战

## 一、教育资源的不均衡分配

职业教育是现代教育体系的重要组成部分，它对于培养适应社会需求的高素质技能型人才具有重要意义。然而，当前我国职业教育资源在不同地区、学校和专业之间的分配存在明显的不均衡性，这一问题已逐渐成为制约职业教育发展的瓶颈。

首先，职业教育资源分配不均衡表现在地区间。一般来说，经济发达地区职业教育资源丰富，而经济欠发达地区则相对匮乏。这种差异导致了地区间职业教育质量的显著差距，使得部分学习者无法享受到高质量的职业教育。

其次，资源分配不均衡也体现在学校之间。一些知名职业院校拥有丰富的师资力量、先进的教育设施和丰富的实践基地，而一些地方性职业院校则面临着师资短缺、设施陈旧和实践基地不足的问题。这种现象限制了部分学校的教育质量，影响了学习者的成长和发展。

再次，职业教育资源在不同专业间的分配也存在不均衡。一些热门专业如计算机科学、电子商务等，吸引了大量优质教育资源，而一些冷门专业如传统手工艺、农业技术等，则往往被忽视，导致这些专业的教育质量难以满足社会需求。

为解决这一问题，政府应加大对职业教育资源的投入。

第一，政府应提高职业教育经费占教育总经费的比例，确保职业教育资源得到充足保障。

第二，政府应优化资源配置，制定合理的政策引导职业教育资源向经济欠发达地区、地方性职业院校和冷门专业倾斜。

第三，政府还应提高职业教育资源的利用效率。这包括推进职业教育信息化建设，利用现代信息技术共享优质教育资源；加强校企合作，实现企业与职业院校之间的资源互补；以及鼓励职业院校之间开展联合办学、课程共享等，提高资源利用效率。

第四，政府还应加强对职业教育资源的监管。建立和完善职业教育质量评估体系，定期对职业院校的教育资源配置和使用情况进行检查，确保教育资源得到合理、高效的使用。

总之，解决职业教育资源分配不均衡问题，需要政府、学校和社会的共同努力。通过加大投入、优化配置、提高利用效率和加强监管，我们有望构建一个公平、有质量的职业教育体系，为我国经济社会发展培养更多高素质技能型人才。

## 二、产业需求与教育供给的不匹配

职业教育在现代教育体系中扮演着举足轻重的角色，其目标是培养适应社会需求的高素质技能型人才。然而，当前我国职业教育课程内容与产业发展需求之间存在脱节，这一问题已逐渐成为制约职业教育发展的瓶颈，导致毕业生就业困难。

首先，职业教育课程内容与产业发展需求脱节，使得毕业生在就业市场上缺乏竞争力。部分职业院校的课程设置过于陈旧，未能及时跟上时代发展的步伐，导致学习者所学的知识和技能与实际工作需求不符。这使得学习者在求职过程中面临困境，难以找到与自身专业相符的工作。

其次，职业教育课程内容与产业发展需求脱节，影响了职业教育的社会认可度。随着社会的发展，产业结构的调整和技术进步，对技能人才的需求也在不断变化。而职业教育课程内容未能及时更新，导致社会对职业教育的认可度降低，进一步影响了毕业生的就业前景。

为解决这一问题，学校应加强与企业、行业的合作。通过与企业、行业建立紧密的合作关系，学校可以及时了解市场需求，从而调整课程设置，确保教育供给与产业需求的高度匹配。

第一，学校可以与企业共同开发课程，确保课程内容符合产业发展需求。企业可以向学校提供实际工作中的案例、技术标准和管理经验，帮助学校更新课程内容，使之更具实用性。同时，学校可以邀请企业专家担任兼职教师，为学习者传授最新的知识和技能。

第二，学校可以与企业合作建立实践基地，提高学习者的实践能力。通过在企业设立实习基地，学习者可以亲身参与实际工作，了解企业运营，提前适应职场生活。这有助于提高学习者的就业竞争力，减少毕业生就业困难的问题。

第三，学校还可以与企业共同开展"产学研"项目，促进科研成果转化为教学内容。通过与企业合作，学校可以及时将最新的科研成果融入教学，提高学习者的创新能力和实践能力。

总之，为解决职业教育课程内容与产业发展需求脱节的问题，学校应加强与企业、行业的合作。通过了解市场需求，调整课程设置，提高教育供给与产业需求的匹配度，从而提高毕业生的就业率，提升职业教育的整体质量。

## 三、师资队伍的素质与能力建设

职业教育师资队伍的素质和能力直接影响教育质量。在现代社会，职业教育越来越受到重视，因为它能够培养出适应社会需求的高素质技能型人才。然而，职业教育师资队伍的素质和能力问题却成为制约职业教育发展的瓶颈。因此，学校应加强师资队伍建设，提高教师队伍的整体素质和能力。

第一，学校应引进具有丰富实践经验的教师。职业教育强调实践性和应用性，因此，教师需要具备丰富的实践经验，才能更好地指导学习者。学校可以积极引进企业界的专业人才，让他们在教学中传授实际工作经验，使学习者能够更好地理解和掌握实际工作中的技能。

第二，学校应提供定期的专业培训和发展机会。职业教育是一个不断发展的领域，教师需要不断更新知识和技能，以适应社会需求的变化。学校可以组织定期的专业培训，让教师学习最新的理论和技术，提高他们的专业水平。同时，学校还可以鼓励教师参加学术会议、研讨会等活动，拓宽他们的视野，激发他们的创新思维。

第三，学校还应建立完善的教师评价和激励机制。通过设立明确的评价指标和激励措施，学校可以激励教师不断提高自身素质和能力。同时，学校还应注重教师的职业发展，为教师提供晋升和发展的机会，让他们在职业道路上有所追求。

总之，职业教育师资队伍的素质和能力直接影响教育质量。学校应加强师资队伍建设，引进具有丰富实践经验的教师，提供定期的专业培训和发展机会，提高教师队伍的整体素质和能力。只有这样，才能确保职业教育能够培养出适应社会需求的高素质技能型人才，为社会的发展做出贡献。

## 四、社会对职业教育的认可度与歧视问题

职业教育是现代教育体系的重要组成部分，对于培养适应社会需求的高素质技能型人才具有重要意义。然而，当前我国职业教育在社会中的认可度较低，普遍存在歧视职业教育的现象。这一现象不仅影响了职业教育的健康发展，也制约了人才培养和社会进步。为了提高职业教育的认可度，政府、媒体和社会各界应共同努力，树立正确的职业教育观念，消除对职业教育的歧视。

第一，政府应加大对职业教育的支持力度。政府应提高职业教育经费投入，确保职业教育资源得到充足保障。同时，政府还应制定相关政策，鼓励企业、行业与职业院校合作，促进"产学研"一体化，提高职业教育的质量和效益。此外，政府还应加强对职业教育改革的引导，推动职业教育创新发展，使之更好地适应社会需求。

第二，媒体应积极宣传职业教育的价值和重要性。媒体可以通过各种形式的报道和宣传，让公众了解职业教育在人才培养、社会经济发展中的重要作用。同时，媒体还应关注职业教育改革和发展的新动态，传播职业教育正能量，提高社会对职业教育的认可度。

第三，社会各界也应积极参与到提高职业教育认可度的行动中来。企业、行业应加大对职业教育的投入，与职业院校共建实习实训基地，提供更多就业机会，使职业教育毕业生能够学有所用。同时，社会各界还应关注职业教育的改革和发展，为职业教育提供宝贵的意见和建议。

总之，提高职业教育认可度需要政府、媒体和社会各界的共同努力。通过树立正确的职业教育观念，消除对职业教育的歧视，我们有望构建一个公平、有质量的职业教育体系，为我国经济社会发展培养更多高素质技能型人才。

## 五、法律法规与政策环境的完善

完善的法律法规和政策环境是职业教育健康发展的重要保障。在当前社会，职业教育越来越受到重视，因为它能够培养出适应社会需求的高素质技能型人才。然而，为了确保职业教育能够更好地发展，我们需要有完善的法律法规和政策环境作为支撑。

第一，政府应进一步完善职业教育相关的法律法规。职业教育涉及多方利益相关者，包括学习者、教师、学校、企业等。明确的法律法规能够保障各方的权益，为职业教育的发展提供有力的法律支持。政府可以参考其他国家的成功经验，制定适合我国国情的职业教育法律法规，确保职业教育在法律层面得到充分的保障。

第二，政府应明确各方的权益。在职业教育中，学习者、教师、学校和企业等各方都有自身的权利和责任。政府应明确各方的权益，确保学习者能够接受高质量的教育，教师能够获得合理的待遇和职业发展机会，学校能够获得充足的教育资源，企业能够获得符合需求的人才。通过明确各方的权益，可以激发各方的积极性和主动性，推动职业教育的健康发展。

第三，政府应加强对职业教育的政策支持。政府可以通过提供资金支持、优化税收政策、鼓励企业投资等方式，为职业教育的发展提供有力的政策支持。同时，政府还应加强对职业教育的监管和评估，确保职业教育质量得到保障。

综上所述，完善的法律法规和政策环境是职业教育健康发展的重要保障。政府应进一步完善职业教育相关的法律法规，明确各方权益，加强对职业教育的政策支持，为职业教育的发展提供良好的环境。只有这样，才能确保职业教育能够培养出适应社会需求的高素质技能型人才，为社会的发展做出贡献。

# 第三节 应对职业教育发展趋势的策略

## 一、加强职业教育政策法规的制定与实施

职业教育作为我国教育体系的重要组成部分，其发展离不开政策法规的支撑和引导。为了进一步推动职业教育的健康发展，我们必须加强职业教育政策法规的制定与实施。

首先，我们需要制定和完善职业教育相关的政策法规。当前，职业教育的发展面临着诸多挑战，如人才培养与企业需求不匹配、职业教育资源分布不均等问题。为了应对这些问题，我们需要制定一系列有针对性的政策法规，如优化职业教育资源配置、促进校企合作、提高职业教育质量等方面的政策法规。这些政策法规将有助于明确职业教育的方向和目标，为职业教育的发展提供有力的法律保障。

其次，我们需要加强政策宣传和解读，提高社会各界对职业教育的认识和理解。过去，职业教育在社会中的认可度相对较低，很多人对职业教育存在误解和偏见。为了改变这种状况，政府和社会各界需要加大对职业教育的宣传力度，通过各种渠道和形式，如举办职业教育宣传活动、开展职业教育知识讲座等，让更多人了解职业教育的意义和价值，提高职业教育的社会地位。

最后，我们还需要加强对职业教育政策和法规的监督和评估，确保政策的有效实施。在政策制定之后，我们需要对政策的实施情况进行持续跟踪，及时发现和解决问题。同时，我们还可以通过定期对职业教育政策和

法规进行评估，了解政策的实施效果，为政策的调整和优化提供依据。

　　总之，加强职业教育政策法规的制定与实施是推动职业教育健康发展的重要举措。只有通过完善的政策法规体系，我们才能确保职业教育的发展有法可依，为社会培养出更多高素质的技能型人才。

## 二、提升职业教育的教学质量与课程设计

　　在职业教育领域，为了提升课程质量和学习者的就业竞争力，引入行业专家参与课程设计和评审是一个重要的策略。行业专家能够提供最新的行业信息和技术趋势，确保课程内容的实用性和前瞻性。同时，他们的参与也有助于学习者更好地理解未来的职业发展方向，从而做出更明智的学习和职业规划。

　　首先，行业专家的参与可以确保课程内容的实用性和前瞻性。他们可以根据自己的工作经验和对行业的理解，提出对课程内容的建议和修改意见。这样的合作可以确保学习者所学知识和技能与行业需求保持一致，提高学习者的就业竞争力。例如，在计算机科学领域，可以邀请经验丰富的软件工程师参与课程设计，确保学习者能够学习到最新的编程技术和软件开发方法。

　　其次，行业专家的参与可以激发学习者的学习兴趣。行业专家可以分享他们在工作中的实际经验和案例，使学习者能够更好地理解理论知识与实际应用之间的关系。这种实践性的教学方式可以激发学习者的学习兴趣，提高教学效果。例如，在市场营销课程中，可以邀请经验丰富的市场营销经理为学习者讲解最新的市场营销策略和案例。

　　最后，定期更新教学内容和教材也是紧跟行业发展和技术进步的重要

手段。随着行业的不断发展和技术的进步，一些旧的知识和技能可能会过时。因此，学校需要定期对教学内容和教材进行更新，引入新的知识和技能。例如，在信息技术领域，可以定期更新教材，引入最新的编程语言和技术框架。

综上所述，引入行业专家参与课程设计和评审，加强教学方法和手段的创新，定期更新教学内容和教材，这些措施都有助于提高职业教育的质量和学习者的就业竞争力。通过这些措施，我们可以确保学习者所学知识和技能与行业需求保持一致，紧跟行业发展和技术进步。

## 三、加强师资队伍的培训与建设

在职业教育中，教师的专业知识和教学能力是确保教学质量的关键。为了提升教师队伍的整体水平，学校和教育机构可以采取以下措施。

首先，提供定期的专业培训和发展机会是至关重要的。这些培训可以帮助教师更新他们的专业知识，掌握最新的教学方法和技术。通过参加专业研讨会、工作坊和在线课程，教师可以与同行交流经验，学习新的教学策略，提高自己的教学能力。此外，专业培训还可以帮助教师了解行业的发展趋势和需求，使他们能够更好地指导学习者，确保他们的教学内容与行业实际相结合。

其次，鼓励教师参与"产学研"合作项目也是一种有效的提升教师实践经验和行业联系的方式。通过参与这些项目，教师可以与企业和研究机构合作，参与实际的研究和开发工作。这不仅能够增加教师的实践经验，使他们更好地理解行业的实际问题和工作环境，还能够帮助他们建立与行业的联系，为学习者提供更多的实习和就业机会。

再次，引进具有丰富实践经验的行业专家也是丰富教师队伍背景和经验的重要途径。行业专家可以作为客座教授或兼职教师，向学习者传授最新的行业知识和技能。他们的经验和见解可以为学习者提供宝贵的指导，帮助他们更好地准备未来的职业生涯。同时，行业专家的参与也可以激发教师的教学热情，促进教师之间的专业发展。

综上所述，提供定期的专业培训和发展机会、鼓励教师参与"产学研"合作项目以及引进具有丰富实践经验的行业专家，这些措施都有助于提高教师的专业知识和教学能力，丰富教师队伍的背景和经验。通过这些措施，职业教育机构可以更好地满足社会对高素质技能型人才的需求，为学习者提供更好的教育和培训。

## 四、促进产教融合与校企合作

在职业教育领域，加强与企业、行业的合作是培养符合市场需求的人才的关键。通过建立校企合作平台，促进资源共享和信息交流，职业教育机构可以更好地了解行业的需求和发展趋势，从而调整教学内容和方式，确保学习者所学知识和技能与行业实际相结合。

首先，加强与企业、行业的合作，共同培养符合市场需求的人才，是职业教育的重要任务。学校可以与企业签订合作协议，共同制定人才培养方案，确保学习者的学习内容和实践经验与企业需求相匹配。例如，计算机科学专业可以与软件公司合作，共同培养软件开发人才；市场营销专业可以与广告公司合作，共同培养广告策划人才。

其次，为了实现资源共享和信息交流，职业教育机构可以与企业建立校企合作平台。学校可以为企业提供人才培训和技能提升的服务，帮助企业提高员工的专业素质；企业可以为学校提供实习、就业等机会，帮助学习者更好地了解行业实际和职业发展前景。例如，学校可以与企业共同开展"产学研"项目，让学习者参与实际的研究和开发工作，提高他们的实践能力和创新能力。

再次，鼓励企业参与职业教育的发展，提供实习、就业等机会，也是培养符合市场需求的人才的重要途径。学校可以与企业合作，为学习者提供实习机会，让他们在实际工作中锻炼自己的技能和能力。同时，企业还可以为毕业生提供就业机会，帮助他们顺利进入职场。例如，学校可以与企业签订合作协议，约定每年为学习者提供一定数量的实习和就业岗位。

综上所述，加强与企业、行业的合作，建立校企合作平台，鼓励企业参与职业教育的发展，这些措施都有助于培养符合市场需求的人才。通过这些措施，职业教育机构可以更好地了解行业的需求和发展趋势，为企业输送高素质的技能型人才，为学习者提供更好的教育和培训。

## 五、提高社会对职业教育的认可与支持

职业教育是培养高素质技能型人才的重要途径，对于促进社会经济发展和满足劳动力市场需求具有重要作用。然而，在我国，职业教育相对于普通教育而言，长期以来存在着认可度不高、歧视和误解等问题。为了改变这种状况，我们需要采取一系列措施，加强职业教育宣传，提高社会对职业教育的认可度，树立正确的职业教育观念，消除对职业教育的歧视和误解，鼓励社会各界支持职业教育的发展，为职业教育提供更多的资源和支持。

首先，加强职业教育宣传是提高社会对职业教育认可度的重要手段。

通过各种媒体和渠道，加大对职业教育的宣传力度，让公众了解职业教育的重要性和价值，认识到职业教育在培养技能型人才、促进就业和推动经济发展方面所发挥的积极作用。此外，还要积极宣传职业教育的优秀成果和典型案例，展示职业教育毕业生的优秀品质和成就，改变社会对职业教育的负面印象。

其次，树立正确的职业教育观念是消除对职业教育歧视和误解的关键。我们要让人们认识到，职业教育并非低人一等的"次等教育"，而是一种具有鲜明特色和优势的教育类型。职业教育注重实践能力和技能培养，能够满足社会对各类技能型人才的需求，为学习者的未来发展提供广阔的空间。通过加强职业教育观念的教育和引导，消除对职业教育的歧视和误解，使社会各界能够公平、公正地看待职业教育。

再次，鼓励社会各界支持职业教育的发展，为职业教育提供更多的资源和支持。政府应加大对职业教育的投入，优化职业教育资源配置，提高职业教育的办学质量和水平。企业界要积极参与职业教育，提供实习、就业等机会，为职业教育的发展贡献力量。同时，社会各界也要关注职业教育的发展，为职业教育提供良好的舆论环境和政策支持。

总之，加强职业教育宣传，提高社会对职业教育的认可度；树立正确的职业教育观念，消除对职业教育的歧视和误解；鼓励社会各界支持职业教育的发展，为职业教育提供更多的资源和支持，这些措施对于推动我国职业教育的发展，培养更多高素质技能型人才具有重要意义。让我们共同努力，为职业教育的发展创造良好条件，为我国的经济社会发展做出更大贡献。